L'APOSTOLAT

DE

SAINT CLAIR

PREMIER ÉVÊQUE DE NANTES

TRADITION NANTAISE

Par M. l'Abbé CAHOUR

Chanoine de Nantes et d'Autun,

Aumônier de la Grande Providence,

Membre de la Société française d'Archéologie, ancien Président de la Société archéologique de Nantes, Officier d'Académie...

Hic sanctorum Apostolorum consorcia consecutus, divini spiramine Pneumatis est imbutus, (*et*) a Romano Pontifice ad Gallie partes missus est.

(Manuscrit du XIVe siècle).

NANTES

IMPRIMERIE DE L'OUEST

Rue de la Fosse, 32 et 34.

1883

à Monsieur Petit, trésorier de la Société Archéologique, témoignage de bien sincère affection de l'auteur. Mazoux de Sᵗᵉ-Sᵗᵉ[illegible]

Chan. hon. aum. de [illegible]

L'APOSTOLAT

DE

SAINT CLAIR

A MONSEIGNEUR L'ÉVÊQUE DE NANTES

Nantes, le 29 Juin 1883.

MONSEIGNEUR,

Naguère, Votre Grandeur annonçant la solennité mémorable du couronnement de Notre-Dame de Toutes-Aides, exprimait le désir de voir paraître « une histoire méthodique et complète « de la grande vie religieuse dont la rare fécondité s'est « épanouie sur notre sol depuis l'époque où saint Clair, « l'envoyé des Apôtres, vint apporter parmi nous le flambeau « de l'Evangile (1). »

Ce n'est pas, Monseigneur, cette glorieuse mais difficile histoire que j'ai l'honneur de vous offrir. Ma pensée est plus modeste. Le fait important de la mission de notre apôtre, saint Clair, *au premier siècle*, incontesté dans les âges anciens, a été mis en doute dans le nôtre ; il demandait à être dégagé des nuages amoncelés autour de lui, et c'est de ce travail que je vous prie, Monseigneur, de vouloir bien agréer l'hommage.

Pour atteindre le but que je me proposais, il était nécessaire de rechercher et de revoir nos documents traditionnels, échappés en petit nombre à une destruction déplorable, de les mettre au jour dans leur intégrité et leur vérité premières, et de confirmer leur témoignage par celui des siècles.

Engagé dans ce travail délicat, avec des moyens forcément restreints et parfois spéciaux, j'ai dû les peser avec grand soin, et me garder autant de l'hésitation que de l'exagération.

Ma conviction était profonde ; elle s'est encore accrue par l'étude; et la démonstration me paraît plus que suffisante pour raffermir sur sa base naturelle et inébranlable, le privilège insigne de notre Eglise, l'apostolicité de son origine.

(1) Mandement de Mgr LE COQ du 4 Juin 1883.

J'ose même espérer, Monseigneur, que l'avenir apportera de nouveaux appuis à ce fait, et des lumières plus vives encore à cette gloire.

Daignez agréer, Monseigneur, l'assurance du profond respect avec lequel j'ai l'honneur d'être

De votre Grandeur,

Le très humble et très obéissant serviteur.

A. Cahour,

Chan. hon., Aumônier de la Grande-Providence.

Nantes, 2 juillet 1883.

Monsieur le Chanoine,

Vous venez de publier dans notre *Semaine Religieuse*, sur l'Apostolat de saint Clair, une série d'articles du plus grand intérêt.

Ce travail, entrepris et poursuivi avec conviction et amour, met dans une lumière de plus en plus vive le fait de notre tradition nantaise en ce qui concerne l'époque où saint Clair arriva parmi nous. Ce fait me semble définitivement acquis à l'histoire.

Il nous est doux de penser, comme le pensèrent nos pieux ancêtres, que peu de temps après la mort de saint Pierre et de saint Paul, encore tout pénétré de la vertu de leur sang héroïque, le premier évêque de Nantes vint déposer, sur le sol même que nous habitons, la racine féconde de cet arbre dont les rameaux, sans se flétrir jamais, ont porté, depuis dix-huit siècles, tant de fruits de grâce et de salut.

Que je serais heureux, Monsieur le Chanoine, si, à cette première page de notre histoire religieuse, si bien écrite par vous, beaucoup d'autres pages pouvaient venir promptement s'ajouter! Ce serait un beau monument élevé à la gloire de la religion et, en particulier, de notre cher diocèse. Je confie ce vœu au zèle d'un clergé intelligent et laborieux. Je le confie surtout à Notre-Dame de Toutes-Aides qui, dans cette histoire, occupera certainement une page d'honneur.

Agréez, Monsieur le Chanoine, avec mes remerciements et mes félicitations, l'assurance de mon affectueux dévouement en N. S.

† JULES, *Ev. de Nantes.*

L'APOSTOLAT DE SAINT CLAIR

PREMIER ÉVÊQUE DE NANTES

TRADITION NANTAISE

I.

L'apostolat de saint Clair intéresse non-seulement le diocèse de Nantes, mais la Bretagne entière. A quelle époque eut-il lieu ? On pouvait croire cette question résolue ; mais elle s'est réveillée inopinément en ces derniers temps, et il importe de fixer la tradition nantaise à ce sujet. On veut bien m'inviter à le faire en me représentant que je suis le dernier survivant d'une commission liturgique instituée en 1855 par Monseigneur Jaquemet, et qui eut occasion d'examiner sérieusement la question. J'ai, en effet, le triste avantage de cette survivance que j'ai cependant l'honneur de partager avec le vénérable président de cette commission, Mgr Richard, alors vicaire général du diocèse, et aujourd'hui Archevêque-coadjuteur de Son Eminence le Cardinal-Archevêque de Paris. Que Dieu veuille lui accorder encore de longues années !

J'ai accepté la tâche, et je n'hésiterai pas à dire que je suis de ceux qui pensent que la mission de saint Clair eut lieu au premier siècle et que, si elle se prolongea dans le second, ce dut être de peu d'années. Ma conviction est profonde à cet égard. J'ajoute que la principale preuve de ce fait me semble être notre tradition diocésaine elle-même, et que le meilleur moyen de la faire ressortir est de mettre nos documents nantais plus en lumière. Chose remarquable, en effet : la plupart de nos contradicteurs paraissent les ignorer complètement, ou, s'ils les citent, c'est vaguement, sur la foi d'autorités secondaires, et en répétant de confiance des interprétations erronées. Il est cependant évident qu'en pareille matière les documents locaux doivent être les premiers recherchés et consciencieusement interprétés. Ainsi le veulent la logique et la saine critique.

A quoi faut-il attribuer l'oubli de ces règles ? D'abord à l'influence de l'école des XVIIe et XVIIIe siècles qui, se livrant à une critique exagérée, et reculant la prédication évangélique dans la Gaule au IIIe et au IVe siècles, prit à tâche de discréditer nos traditions nationales. Je dois dire que, depuis lors, une réaction puissante s'est opérée contre cette manière de procéder. Des publications importantes se sont succédé et ont démontré qu'un grand nombre de diocèses de France ont été évangélisés par les disciples des apôtres, et même par plusieurs autres saints personnages attachés au Sauveur durant sa vie mortelle. Si bien qu'aujourd'hui, il n'est pas permis, à moins d'ignorer l'état de la question, de soutenir que le Christianisme a mis deux ou trois cents ans à venir de Rome dans la Gaule. Si cependant il était encore des esprits attardés dans le doute, je pourrais leur indiquer un certain nombre d'autorités sur lesquelles repose cette opinion et qu'ils pourraient consulter [1]. Qu'il me suffise de rapporter ici la conclusion d'une étude faite sur ce sujet par l'un de nos plus graves et de nos plus récents historiens, M. l'abbé Darras. Après avoir constaté la rapidité et l'universalité de la prédication évangélique par les Apôtres, il ajoute : « En ce qui « concerne plus spécialement notre patrie, le système qui re- « cule nos origines chrétiennes à l'an 250 est, à *priori* et « indépendamment de toute étude des monuments primitifs, « une thèse inadmissible qui ne résiste pas à l'examen le plus « superficiel. (Il en donne les preuves, puis il continue) : Si « l'on songe maintenant que la tradition orale et écrite des « deux Eglises grecque et latine affirme que la Gaule fut « évangélisée au premier siècle ; que tous les monuments « locaux, les dyptiques sacrés, les liturgies et les martyro- « loges des principales églises gallicanes attestent le même

(1) Pièce justif. n° 1.

« fait; si l'on considère que pendant 1,600 ans cette croyance « fut unanimement professée en France, on conviendra que « le mouvement en sens contraire, produit sous la double in- « fluence de l'hérésie protestante et janséniste constitue l'ou- « trage le plus inexplicable et le plus gratuit qui ait jamais « été infligé à la tradition et à l'histoire [1]. »

Mon intention n'est pas de rentrer dans cette question générale. Je n'y toucherai qu'autant que l'exigera le but particulier que je me propose et qu'indique mon titre. Ainsi je ferai remarquer que l'influence de l'école précitée fut d'autant plus regrettable dans nos contrées, qu'elle fut représentée par un historien de Bretagne d'un mérite incontestable, mais qui, malheureusement, eut son côté faible et ne sut pas se défendre d'une préoccupation excessive en faveur de la prétendue mission de saint Clair au IIIe siècle. Tel fut, en effet, D. Lobineau. Je le démontrerai bientôt. Il n'est donc pas surprenant que, ceux de nos écrivains qui ont subi le prestige de cette célébrité aient partagé son erreur, et que plusieurs, parmi nos contemporains, suivent encore ses errements de bonne foi. Je me plais à faire cette observation parce qu'elle excuse les esprits accoutumés à admettre et à professer l'histoire sans recourir aux sources.

D'autres causes encore ont contribué à cet oubli, telles que la destruction et la dispersion systématiques des archives religieuses du diocèse de Nantes, et, particulièrement, de celles de l'Evêché, des Chapitres, des couvents et des paroisses, à l'époque révolutionnaire [2]. Il en est résulté que la majeure partie des éléments de notre histoire diocésaine a disparu, et que, n'ayant malheureusement pas été écrite avant ce désastre, elle est devenue presqu'impossible. De précieuses épaves ont cependant échappé à ce naufrage, notamment en ce qui concerne l'apostolat de saint Clair. Mais ces débris sont restés enfouis dans les rayons réservés de nos bibliothèques publiques et, la plupart, dans de vieux livres d'offices, manuscrits, difficiles à déchiffrer et plus encore à compulser pour ceux qui n'ont pas l'habitude de ces ouvrages spéciaux. Il est vrai que la commission liturgique dont j'ai parlé fit une étude approfondie de ces documents et que son docte président rendit

(1) *Histoire générale de l'Eglise*, t. V, p. 451.
(2) Pièce justif. n° 2.

compte de ses travaux dans un mémoire solide, élégamment écrit, et auquel je ferai de nombreux emprunts. Mais comme il était rédigé dans le but de soumettre à la Cour de Rome l'approbation du *Propre Nantais* actuel, il fut écrit en latin et tiré à un petit nombre d'exemplaires (1).

Ce sont là les principales causes qui ont retenu nos traditions dans l'ombre et nos documents dans l'oubli. En publiant la présente étude, je n'ai pas la prétention de combler tous les vides ni de répondre à toutes les questions. J'insiste principalement à déterminer la véritable époque de la mission de notre Apôtre et premier évêque. J'indiquerai dans un court appendice la solution possible de quelques autres questions intéressantes, éveillées par nos documents et sur lesquelles le temps seul et de nouvelles recherches pourront répandre plus de lumière.

II.

Afin de dégager le terrain sur lequel se pose la question, je ferai remarquer d'abord le peu de solidité des principaux arguments de nos contradicteurs, en tête desquels se présente D. Lobineau. Je le cite textuellement. « Saint Clair, dit-il, envoyé, « *selon toute apparence* par saint Gatien, évêque de Tours, « parcourut le pays de Nantes, Rennes et Vannes... (2) Les « uns prétendent qu'il a été envoyé par saint Lin, successeur « de saint Pierre, prêcher la foi dans l'Armorique et qu'il « établit la religion chrétienne à Nantes, en même temps que « Drennalus, disciple de saint Joseph d'Arimathie, fondait « l'évêché de Lexobie, à Coz-Quéaudet, depuis transféré à « Tréguier. Et les autres prétendent *avec plus de raison* que « saint Clair n'est venu à Nantes que dans le même temps que « saint Gatien fut envoyé à Tours, ou même un peu après, *si* « saint Clair a reçu sa mission de l'évêque de Tours. Or, ce ne « fut point par les apôtres ni par leurs premiers successeurs « que saint Gatien fut envoyé prêcher la foi en France ; et le « témoignage de Grégoire de Tours, homme assez éclairé pour « ne pas ignorer les antiquités de *son* église, nous apprend « que cette mission est fort postérieure aux temps apostoli- « ques. Les *seuls* actes de saint Clair que nous ayons pu voir,

(1) *Missæ et officia propria Ecclesiæ Nannetensis.* 1857.
(2) *Histoire de Bretagne*, t. I, p. 3.

« qui sont dans le Légendaire de Tréguier, ne favorisent point « les *visions* de nos auteurs bretons, et disent *simplement* « que ce saint apôtre de l'Armorique fut envoyé par le « Pontife romain qui lui donna un des clous dont saint Pierre « avait été attaché à la croix, celui qui avait percé la main « droite [1]. »

Ce texte appelle plusieurs observations importantes. La première est le sans-façon avec lequel le docte bénédictin traite de visionnaires tous les auteurs bretons en bloc. Cependant, l'aveu qu'il fait de n'avoir connu les actes de saint Clair que par le légendaire de Tréguier, et d'ignorer nos manuscrits nantais, auraient dû, ce me semble, lui inspirer plus de réserve. Je prends acte de cet aveu. J'ajoute qu'en admettant, pour le moment, que le légendaire de Tréguier dise simplement notre évêque envoyé par le Pontife romain, cette expression ne contredit nullement nos documents. Ceux-ci l'emploient également, mais dans un sens différent de celui qu'insinue D. Lobineau. Nous le verrons bientôt. Je remarque, en troisième lieu, qu'à part les affirmations conjecturales et purement gratuites : « *selon toute apparence... avec plus de raison* », l'opinion de notre historien repose uniquement sur une hypothèse. « *Si* saint Clair a reçu sa mission de saint Gatien ? ». C'est précisément ce qu'il fallait prouver ; et il n'en apporte aucune preuve. Il y substitue de faux raisonnements qui consistent à partir de ses propres affirmations et de son hypothèse comme de choses établies et certaines. — Saint Gatien, dit-il, n'a pas été envoyé à Tours par les Apôtres ; donc saint Clair n'a pas été envoyé à Nantes par eux. Grégoire de Tours qui n'ignorait pas les antiquités de *son* Eglise, nous apprend que la mission de saint Gatien eut lieu au IIIe siècle ; donc celle de saint Clair à Nantes eut lieu à la même époque ! — Je ne crois pas avoir besoin de faire ressortir davantage l'étrangeté de cette logique [2].

(1) *Histoire des Saints de Bretagne.* — Saint Clair. — Edit. 1724, p. 6.

(2) On me saura gré néanmoins d'appeler ici le témoignage de Mgr Richard : « *Si quis sciscitatur undenam* (D. Lobineau) *hauserit quæ protulit, nullum exhibere poterit monumentum. Oscitantius de cætero, vitam sancti Clari expedivit ; nihil aliud nisi Trecorense legendarium vidisse fatetur. Nullo que modo distinguit eam quæ continent monumenta seriam traditionem, ab hiis quas appellat visiones armoricorum auctorum.* (*Missæ et officia*, p. 190.)

Cependant D. Morice a suivi D. Lobineau. Il veut le tirer du mauvais pas où il s'est mis, et, en lui jetant une raison quelconque, il y tombe avec lui. « La ville de Tours, dit-il, « n'ayant point eu, suivant Grégoire de Tours, de pasteur « avant le IIIe siècle, l'Armorique qui est *bien plus éloignée* « *de Rome, n'en peut* avoir eu en ce temps-là. » (1) Ainsi la prédication de l'Evangile à Nantes aurait dépendu de la distance de cette ville à Tours et à Rome ! La foi n'aurait pu nous arriver de Rome que par Tours ; comme s'il n'existait pas alors une quantité d'autres voies aboutissant de Rome, tant par terre que par mer, à l'Armorique et au pays nantais où nous en retrouvons des traces si nombreuses ! Et là où les légions romaines, les colons allant à leurs villas, les marchands, les voyageurs abondaient, les apôtres de l'Evangile n'auraient pu aborder ! Ne suffit-il pas encore de signaler ce raisonnement pour en faire ressortir la futilité (2) ?

Une troisième autorité est venue en aide aux deux premières. On la cite. Citons-la nous-même. « *On croit*, dit D. « Beaunier, que saint Clair est le premier évêque de Nantes, « vers l'an 277 ». Ainsi voilà jusqu'au titre de notre apôtre mis en doute ! « On ne trouve point, continue-t-il, le nom de « son successeur ». Erreur ! Ennius, au moins, est l'un d'eux. « Saint Similien ou Semblein était évêque de Nantes au « IVe siècle, et il est compté pour le troisième » (3). Ce qui veut dire, selon D. Beaunier, que saint Clair aurait été le pénultième prédécesseur de saint Similien, en 277 bien compté ! Mais, encore une fois, quelles preuves sont apportées à tout cela ? Aucune, et je ne puis qu'appliquer à D. Beaunier les paroles déjà citées à l'occasion de D. Morice *(note 3)* : « Le docte Bénédictin a admirablement inventé. Admettons cependant, pour ne pas troubler sa paix, qu'il ait fait une ingénieuse conjecture ; assurément il n'a lu nulle part, dans aucun de nos anciens manuscrits, ce qu'il dit. »

Pour compléter l'exposé des principales objections invoquées par l'école dite critique à ses débuts, il faut citer encore le

(1) Preuves, t. I, col. 5.

(2) *Præclare admodum rem composuit, doctus Benedictinus* (D. Morice). *Liceat tamen, pace suâ, dicere illum potuisse hæc ingeniose conjectare : sed certe nullibi in antiquis monumentis legit quæ narravit.* (Le même. *Missæ et officia*, p. 191.)

(3) *Recueil historique*, t. II, p. 397.

texte de Sulpice Sévère, ainsi conçu : « Sous Marc-Aurèle, fils « d'Antonin (177), éclata la cinquième persécution générale. « Ce fut alors pour la première fois qu'on vit des martyres dans « les Gaules; la religion du vrai Dieu n'ayant été embrassée « qu'assez tard au-delà des Alpes (1). »

Le P. Sirmond fut le premier à s'emparer de ce texte et à le tourner contre l'opinion de la prédication au Ier siècle. A l'entendre, c'était le glaive qui lui tranchait la tête. On ne tarda cependant pas à reconnaître le vice de son argumentation qui consistait à substituer au sens du mot *martyria* celui du mot *martyres* qui en est essentiellement distinct, comme l'est en français le sens des expressions *martyres* et *martyrs*, bien que la consonnance soit à peu près la même et ne diffère que par l'orthographe. L'expression latine *martyria* signifie des martyres ou des exécutions nombreuses, collectives de chrétiens, telle que celle qui eut lieu, en 177, à Lyon, dont l'historien Eusèbe fait un long récit abrégé par Sulpice Sévère. On comprend dès lors que cet écrivain ait pu dire qu'il n'y avait pas eu jusqu'alors de semblables hécatombes de chrétiens dans les Gaules; mais il ne pouvait ignorer que déjà, en divers lieux, plusieurs chrétiens avaient donné isolément leur vie pour la foi, tels que saint Denys, premier évêque de Paris, sainte Valérie et d'autres. Il n'était donc pas permis au P. Sirmond de transformer les mots et de confondre leur sens propre.

En se plaçant ainsi au point de vue de Sulpice Sévère, on s'explique encore son second membre de phrase : « La religion « du vrai Dieu n'ayant été embrassée ou acceptée, *susceptâ* « que plus tard dans les Gaules. » On sait, en effet, que, bien que déjà répandue dans un grand nombre de lieux, elle n'y était pas admise, ni tolérée comme celles des divinités indigènes ou romaines, à cause de l'opposition des payens et des persécutions des empereurs. Elle n'y subsistait qu'à l'état latent et difficilement; et ce fut, en effet, plus tard qu'elle put se produire et acquérir droit de cité. C'est ce que voulait dire Sulpice Sévère qui avait sous les yeux la preuve de l'existence précaire et néanmoins féconde de la nouvelle religion, non-

(1) *Sub Aureliano deindè, Antonini filio, persecutio quinta agitata, et tunc primum intrà Gallias martyria visa, serius trans Alpes Dei religione susceptâ.* (*Hist. Sacr. Lib.* II, *Cap.* XXXII. — Voir encore l'abbé Darras à ce sujet, t. V, p. 526).

seulement dans le récit des immolations de Lyon, qu'il citait, mais dans les ossements de ces innombrables victimes, dont sont remplis encore aujourd'hui les caveaux de cette ville, à *l'Antiquaille*. On ne peut donc comprendre la légèreté avec laquelle le P. Sirmond a traduit le *seriùs susceptâ* de Sulpice Sévère, par cette phrase : « La religion chrétienne ne *fut* « *prêchée* que plus tard dans les Gaules. » Il ne s'agit pas ici de prédication, et la préoccupation d'esprit du P. Sirmond, peut seule expliquer la double erreur grammaticale qu'il a commise.

III

Les disciples ont-ils été plus heureux que les maîtres? Je ne puis le croire. La plupart, en effet, n'ont su qu'affirmer et conjecturer comme eux : et ceux qui se sont engagés dans le débat n'ont pu que reproduire leurs arguments sous des formes nouvelles et qui n'ont rien changé ni ajouté au fond des choses. J'en citerai quelques exemples des plus récents, afin de montrer que la méthode subsiste toujours, et combien est important un examen sérieux. Je lis dans une publication faite dernièrement à Nantes même : « La plus grande preuve « à l'appui de cette opinion (l'apostolat de saint Clair au « IIIe siècle), ne serait-ce pas le silence de l'illustre chroni- « queur de Tours? Chose étonnante, en effet, qu'en faisant « l'histoire de son siége, il n'ait point touché la question de « nos origines chrétiennes ! »

On le voit, c'est la reproduction de l'argument de D. Lobineau. Je ne crois pas avoir besoin d'insister à démontrer que saint Grégoire de Tours parlant de *son* siége, et se taisant sur celui de Nantes, ne prouve rien contre *nos* origines apostoliques. Je ferai remarquer seulement que ce silence que l'illustre chroniqueur eût pu rompre, en effet, si un personnage aussi important que saint Clair eut été disciple de saint Gatien, prouverait, au contraire, qu'il ne l'était pas. Ce qu'il y a d'étonnant, c'est qu'en y réfléchissant, on ne l'ait pas compris.

L'argument de D. Morice, tiré de la distance de Nantes à Rome a été reproduit par plusieurs de nos contemporains. L'un d'eux, homme spirituel et sincère, l'ayant développé d'une manière plus ingénieuse, je citerai ce qu'il m'écrivait à ce sujet, il y a quelques années : « Considérez donc, disait-il, « que le Christianisme ne s'est pas établi comme une révolu- « tion qui, sur un coup de dé, fait passer la France d'un gou- « vernement à un autre. Il est venu, lentement, progressive- « ment. Il fallait commencer par faire des néophytes et les « décider à marcher en avant à travers mille dangers et mille « obstacles. Tout cela n'est pas l'œuvre d'un jour. Quand « l'Evangile fut apporté par saint Clair, ce devait être, au « moins, au IIIe siècle. » Je réponds à cela : Prenez garde, à votre tour, que vous réduisez le Christianisme aux proportions de l'une de ces mesquines entreprises humaines qui ne progressent, quand elles le font, qu'à l'aide de l'habileté, de la richesse, du pouvoir. Il n'en fut pas ainsi du Christianisme qui vit tous ces moyens tourner contre lui et lui créer les obstacles dont vous parlez. La religion nouvelle marchait manifestement appuyée sur une puissance supérieure et divine. Les Apôtres ne se bornaient pas à mettre les autres en avant, ils partaient eux-mêmes, et volaient à travers les difficultés sans se laisser attarder ni par le temps ni par la distance, jusqu'aux contrées les plus éloignées du monde connu. Ils y semaient la parole évangélique, l'arrosaient de leur sang, et Dieu coopérant à leur œuvre, elle prospérait quand même. C'est ainsi que l'explique leur historien contemporain : *Prædicaverunt ubique, Domino cooperante, et sermonem confirmante, sequentibus signis* (1).

Quant à leurs disciples, ils faisaient ce que font maintenant encore nos missionnaires. Ceux-ci, s'inspirant de leur dévouement à Dieu et à leurs semblables, se présentent au Pontife romain, le Vicaire de Jésus-Christ, qui, après s'être assuré de leur vocation, leur assigne la partie du champ de l'Eglise qu'ils auront à défricher, les bénit et les envoie. Ils partent, aidés des aumônes des fidèles et arrivent jusqu'aux régions que l'on peut appeler littéralement, aujourd'hui, les extrémités de la terre. Ils y déposent à leur tour les germes de la foi, les fécondent de leurs sueurs, souvent aussi de leur sang, et, du fond de leur tombeau, attendent qu'il plaise à Dieu de donner à leur semence l'accroissement et la maturité. Ainsi faisaient les hommes apostoliques au premier siècle ; ainsi

(1) Saint Marc, ch. VI, v. 20.

fit Clair, nous le verrons bientôt; car voilà la véritable histoire ; le reste est fantaisie.

Cette observation me ramène à l'argument de D. Beaunier, reproduit de diverses manières par ses imitateurs. Les uns disent : « Les catalogues des évêques de Nantes ne font pas « mention des successeurs de saint Clair, du premier siècle à « la fin du troisième. Donc il faut rapprocher son apostolat de « cette dernière date et le placer vers 277. » Ce raisonnement est illogique. Personne, d'ailleurs, n'ignore que non-seulement nos catalogues, mais ceux de la plupart des diocèses de France offrent des lacunes semblables, aux premiers siècles et même à des époques beaucoup plus rapprochées de nous. Combien de ces diocèses sont restés jusqu'à ce jour sans pouvoir combler ces vides ? Mais combien aussi ont été assez heureux pour se remettre sur la trace d'anciens évêques oubliés, et enrichir leurs listes de ces noms glorieux. N'avons-nous pas été nous-mêmes de ce nombre ? Et ne pouvons-nous pas espérer encore de nouvelles découvertes ?

D'autres ont dit : « Si l'on adopte le premier siècle, il faut « admettre, *de nécessité*, que la petite chrétienté fondée par « saint Clair se trouva presqu'aussitôt dissipée et dispersée « sans laisser d'autre trace que le nom de son fondateur, « maintenu plus tard par la reconnaissance publique en tête « du catalogue des pontifes nantais. » Le doute exprimé par la phrase qu'on vient de lire n'est pas la négation absolue ; il laisse place à une conclusion favorable à notre tradition, déjà formulée et appuyée de la série de preuves que j'expose. Ce doute a néanmoins quelque chose de spécieux. On a vu souvent, en effet, les persécutions interrompre la succession des évêques dans les églises naissantes, et même dans d'autres depuis longtemps établies, et cela durant des siècles. Ces exemples ne sont pas rares de nos jours encore dans les pays de missions où des siéges, fondés canoniquement par des évêques régionnaires, subissent des vacances indéterminées en attendant que des temps plus prospères permettent de régulariser définitivement ces fondations. Mais il ne s'en suit pas que ces chrétientés cessent *nécessairement* d'exister par le seul fait de la mort ou de la fuite de leurs évêques. C'est le contraire qui arrive le plus souvent, grâce au zèle des vrais pasteurs qui n'abandonnent pas leurs troupeaux, et donnent au besoin leur vie pour eux. Il serait facile d'en multiplier les exemples. Rappelons-en un seul à l'honneur de notre Bretagne. Qui n'a suivi avec admiration cet évêque breton d'origine, et titulaire actuel de Corée, Mgr Ridel qui, voyant son immense diocèse resté fidèle malgré des persécutions séculaires, s'est dévoué à lui porter les secours de son ministère? Qui n'a su qu'entré clandestinement dans sa mission, il y a été surpris, emprisonné, maltraité jusqu'au martyre, sauvé presque miraculeusement et rejeté au-delà de la frontière, s'obstinant encore à secourir sa chère chrétienté? Nous l'avons vu naguère, brisé par la souffrance bien plus que par l'âge, et venant demander au pays natal un rétablissement douteux de santé, mais rêvant toujours de retourner mourir aux portes de son fidèle diocèse, s'il ne plait pas à Dieu de lui en ouvrir le libre accès.

Ces dévouements étaient moins rares encore aux premiers siècles qui furent éminemment ceux de l'apostolat héroïque. Et ce n'est point faire une conjecture purement gratuite de penser qu'il en fut ainsi de l'église fondée par saint Clair. Est-il donc naturel de croire qu'une fois entré dans sa mission, il y resta toujours seul avec son diacre Déodat? que la voyant prospérer, il n'appela pas des auxiliaires, qu'il ne lui en vint pas spontanément, ou envoyés d'Aquitaine ou de Rome? Qu'était donc ce Drennalus, disciple de saint Joseph d'Arimathie, qui, au rapport d'Albert le Grand (Vie de saint Clair), et cité par D. Lobineau lui-même, fondait le diocèse de Tréguier à Coz-Guéaudet, en même temps que Clair établissait celui de Nantes? Pieux personnages qui communiquaient entre eux dans l'intérêt de leur œuvre commune. Que devint Déodat lui-même après la mort de son maître? N'est-il pas à croire qu'il continua une œuvre à laquelle il avait concouru si puissamment, en portant l'Evangile jusque dans la Cornouaille? Et cet Ennius auquel nos catalogues et nos pouillés donnent positivement le nom d'évêque, à quelle époque intermédiaire entre saint Clair et saint Similien vécut-il, et combien de temps dura son ministère? Et cet autre prêtre, disons cet évêque (1) dont la fuite nécessaire mit

(1) L'emploi de l'expression *sacerdos*, pour désigner l'évêque, aux premiers siècles, est bien connu. En 1064, le sceau de l'évêque *Quiriac* portait pour légende : PETRI ET PAULI SACERDOTIS NANNETENSIS QUIRIACI.

obstacle au baptême de saint Rogatien, qu'était-il encore? On a dit que c'était saint Similien. C'est possible, mais est-ce certain? Le martyre éclatant des Enfants nantais, fils de l'une des premières familles de la cité, sinon de la première, que signifie-t-il? Que révèle tout cette série d'indices, si ce n'est l'existence d'une chrétienté latente, il est vrai, mais bien réelle, non privée de pasteurs, prospérant sous la persécution même, et enchâssant à sa couronne, comme deux fleurons de choix, les noms des glorieux martyrs SS. Donatien et Rogatien? Enfin, la légende de saint Félix apprenant que saint Clair ne put bâtir d'oratoire dans l'intérieur de la ville à cause de l'opposition des payens, et que *ses successeurs* en furent empêchés, par la même raison, jusqu'au règne de Constantin (1), n'est-elle pas une confirmation positive des observations précédentes et de la vitalité d'une église assez florissante alors pour descendre dans la cité et y bâtir des temples (2).

Je ne puis donc admettre comme fondés les développements donnés par les partisans de l'école critique aux arguments de leurs maîtres, pas plus que ces arguments eux-mêmes, et je doute que les écrivains modernes, derniers refuges de cette école, puissent mieux faire que leurs devanciers (3). Pour achever cette démonstration, je citerai encore quelques lignes du savant auteur de l'*Histoire Générale de l'Eglise*. Parlant des erreurs historiques de Grégoire de Tours, il les met au jour avec autant d'érudition que de convenance, et il arrive à cette conclusion inattendue: que saint Gatien n'est pas venu à Tours au IIIe siècle; mais qu'il a été envoyé au Ier par saint Pierre lui-même, en compagnie des six autres évêques dont il donne les noms d'après un manuscrit d'Arles, du XIe siècle, conservé à la bibliothèque nationale. « Sous Claude, dit ce

(1) On lira bientôt cette légende de Saint-Félix.

(2) La première cathédrale dans la ville, et un oratoire aux saints martyrs, sur le coteau qui porte leur nom.

(3) Je partage encore en cela l'opinion motivée de Mgr Richard: « *Haud* « *aliter reverâ esse potest. Recentiores qui, traditione Nannetensi posthabitâ, historiam sancti Clari aliunde assumpsere, hiis necessario angustiis coarctati sunt. Vel sententiam amplectantes de tardiori Evangelii* « *prædicatione per Gallias, ex ipso præjudicato dirimere quæstionem moliti sunt; at ne unum quidem verbum in scriptoribus invenerunt* « *quod spectat ad nostrum apostolum; vel abstractis cujusve auctoritatibus, juxta mentem suam, missionis sancti Clari tempora definire* « *maluerunt; at nudas conjecturas neccessario sibi effinxerunt. (Missæ et* « *officia*.. p. 192). »

« manuscrit, l'apôtre saint Pierre envoya dans les Gaules, prê-« cher aux gentils la foi de la Trinité, quelques disciples aux-« quels il assigna des villes particulières. Ce furent Trophime, « Paul, Martial, Austremoine, *Gatien, Saturnin,* Valère et « plusieurs autres que le Bienheureux Apôtre leur avait dé-« signés pour compagnons. » « Au XVIIe siècle, reprend l'abbé « Darras, si ce précieux manuscrit de la véritable tradition « gallicane eut été signalé, on n'eut pas manqué d'infirmer sa « valeur sous prétexte que la mention de la Trinité constituait « un anachronisme. Depuis la découverte du *Philosophuména*, « l'objection est changée en une preuve incontestable d'au-« thenticité. » Le savant historien confirme la série de ses témoignages par celui des actes de saint Saturnin, évêque de Toulouse, dont le nom figure à côté de celui de saint Gatien dans le manuscrit d'Arles; actes retrouvés récemment à Florence. Mais laissons-le parler encore : « Austremoine à Cler-« mont, *Gatien à Tours*, Saturnin à Toulouse, Valère à Trèves « ont laissé les mêmes souvenirs. Voilà donc qu'après tant de « discussions, la controverse se termine par une découverte « inespérée qui réduit à néant les lourds sophismes échafaudés « depuis trois siècles contre une tradition immortelle. Un exem-« plaire des véritables actes de saint Saturnin vient d'être « retrouvé à Florence dans un manuscrit du XIe siècle. Il « porte : « Sous Claude, successeur de Gaius (Caligula), dans « le gouvernement de la république romaine, la ville de Tou-« louse eut pour premier pasteur saint Saturnin... Après l'as-« cension de Notre Seigneur Jésus-Christ au ciel, ajoutent « encore les actes, au commencement de la prédication apos-« tolique, Saturnin, profondément affermi dans la foi, devint le « disciple et l'envoyé de saint Pierre. » Comparant ce texte avec celui de saint Grégoire de Tours, l'abbé Darras termine en disant : « Le fameux texte de saint Grégoire de Tours était « une faute de copiste... Il n'en fut qu'une copie défigurée... « La date des empereurs concorde ici avec la date aposto-« lique... Ajoutons que tous les détails apocryphes que Gré-« goire de Tours lisait dans la passion de saint Saturnin, telle « qu'il l'avait sous les yeux, manquent dans celle-ci. Le débat « est clos maintenant [1]. »

Oui, reprendrai-je à mon tour, le débat est également clos

(1) *Histoire Générale de l'Eglise*, t. V., p. 544-45.

en ce qui concerne l'apostolat de saint Clair, puisque les arguments auxquels le texte erroné de saint Grégoire de Tours servait de base croulent avec lui, et que ce texte ramené à sa vérité inconstestable, fait remonter la mission de saint Gatien lui-même, au premier siècle et à saint Pierre.

IV.

Je puis maintenant introduire nos documents nantais dans la cause. On les a traités de légendes, un peu dédaigneusement, parfois, et même sans les connaître. J'accepte la dénomination, mais je l'explique. Etymologiquement, elle dérive de *legenda*, chose à lire, lecture, leçon. C'étaient, en effet, des vies de saints destinées à conserver dans les églises le souvenir de leurs premiers évêques ou martyrs, et à affermir les fidèles dans la foi, conformément au vœu de l'apôtre saint Paul (1). Elles étaient lues dans les assemblées chrétiennes et envoyées d'église à église, même au loin. L'une des plus connues de cette époque est celle des églises de Lyon et de Vienne, racontant le martyre de saint Pothin, premier évêque de Lyon, et de ses compagnons, et envoyée en Phrygie et en Asie, où elle rendit célèbre l'Eglise des Gaules (2).

Les auteurs de ces légendes étaient généralement des hommes graves, instruits, quelquefois des évêques. Leurs qualités littéraires se révèlent par le style soigné et de bonne latinité, qui était encore celui des écrivains des premiers siècles, et les distingue de ceux de la décadence. Le but religieux que se proposaient ces auteurs donna à leurs écrits le cachet de l'homélie. Il se trahit ordinairement par un préambule, ou exorde plus ou moins long, par l'intercallation de textes sacrés et par l'éloge des saints et de leurs vertus. La vérité n'eut point à souffrir de ces formes particulières trop bannies aujourd'hui de nos arides biographies. Elle trouvait sa garantie jusque dans la lecture publique et assidue de ces légendes, qui ne permettait ni de les oublier ni de les altérer. Mais l'Eglise ajouta bientôt un nouveau cachet d'authen-

(1) *Mementote præpositorum vestrorum qui vobis locuti sunt Verbum Dei. Quorum intuentes exitum conversationis, imitamini fidem.* (Hebr. XIII, 7).

(2) Eusèbe, liv. V. — Rohrbacher, t. V, l. 27. Le pape saint Clément fit une recommandation positive du Recueil de ces Actes.

ticité à ces documents quand elle vint à les introduire dans l'office divin, sous le titre de *lectiones* ou *leçons*, expression liturgique. Cette insertion ne fut point l'œuvre du hasard; elle fut confiée à des hommes ou à des commissions d'une autorité et d'une compétence spéciales, et l'approbation en fut réservée aux évêques et aux Souverains Pontifes. C'est ainsi que les choses se pratiquent encore aujourd'hui. Il faut avoir été témoin des travaux de ces commissions pour se faire l'idée du soin scrupuleux qu'elles apportent à l'examen des faits et des expressions même qu'elles admettent, surtout à Rome où ces leçons passent entre les mains des spécialistes les plus compétents.

Je dois ajouter que, malgré cela, l'Église ne donne pas ces légendes comme articles de foi, ni même comme absolument exemptes d'erreur. Il n'en est pas moins vrai qu'elles restent revêtues d'une autorité exceptionnelle et qui dépasse celle de la plupart des chroniques particulières admises comme éléments de l'histoire. La légende liturgique peut donc être considérée comme l'un de ces éléments les plus sûrs, si, même, elle ne porte pas le véritable cachet historique. Toujours est-il qu'on ne peut pas la confondre avec les légendes des saints qui n'ont pas subi le contrôle dont j'ai parlé. Encore moins faudrait-il la ranger parmi les légendes populaires, synonymes de romans ou de contes faits à plaisir.

Les deux premiers documents sur lesquels j'appelle l'attention sont deux légendes liturgiques. L'une est celle de saint Clair, l'autre celle de saint Félix, évêques de Nantes. Elles sont empruntées au plus ancien bréviaire que nous possédions, et qui est conservé à la Bibliothèque publique de Nantes. C'est un manuscrit gothique, malheureusement sans date précise; mais par le caractère de son écriture et par la comparaison de ses offices, il remonte, de l'avis des hommes compétents, à la fin du XIVe siècle ou au commencement du XVe. Pour plus de brièveté, on est convenu de le désigner par la date de 1400. Si je ne me borne pas à donner la légende de saint Clair, c'est que celle de saint Félix la rappelle, la confirme et la complète. Les voici l'une et l'autre en français; on peut voir le texte latin aux pièces justificatives (1).

(1) Pièces justificatives, n° III.

Légende de Saint Clair.

« Après la passion, la résurrection et l'ascension de Notre-« Seigneur Jésus-Christ, il y eut un très grand nombre « d'hommes, et même, de femmes, ainsi que l'atteste notre « sainte mère l'Eglise, qui, par la pratique des bonnes œuvres « et par le mérite des vertus, continuèrent à marcher sur les « traces du Sauveur lui-même. Un certain nombre d'entre « eux, foulant aux pieds les délices du monde et les ordres de « princes cruels, souffrirent divers genres de tourments. « Les uns frappés par le fer, les autres consumés dans les « flammes ; ceux-ci déchirés de coups, ceux-là jetés dans les « cachots ; d'autres mis en croix, amputés des mains ou des « autres membres, donnèrent leur vie pour le nom du Christ. « D'autres encore, prêtres et docteurs, arrosaient les cœurs « des chrétiens des eaux célestes de la grâce afin qu'ils pussent « s'assurer le fruit impérissable des bonnes œuvres. Ces « hommes, l'esprit éclairé de vives lumières, les mains pures « et sans taches, et puisant ces dons à la table très sainte « de l'autel, dans la célébration des mystères du corps et du « sang de Jésus-Christ, s'offrirent eux-mêmes, dans le sanc-« tuaire de leur cœur, en victimes vivantes, pures et agré-« ables à Dieu.

« De ce nombre fut un homme illustre, de mœurs saintes, « nommé Clarus (Clair), instruit des célestes doctrines, déta-« ché des jouissances mondaines, repoussant les voluptés de la « chair, s'attachant à Dieu de toute son âme, et revêtu, « comme d'une armure, des fortes vertus de la chasteté et de « la pénitence, conformément à ces paroles de l'apôtre : « Nous « vous exhortons à vous abstenir des désirs charnels qui com-« battent contre l'âme. » Non-seulement il s'éloignait des vices, » mais, désirant accomplir les œuvres de miséricorde, il « vêtissait ceux qui étaient nus, visitait les infirmes et nour-« rissait les pauvres, se conformant à ces paroles : « Il a « ouvert sa main à l'indigent, et l'a tendue vers le « pauvre. »

« Ce saint a justifié par ses actes la signification de son « nom, car il fut remarquable par sa foi, plus remarquable « par son espérance, et plus remarquable encore par sa cha-

« rité. Je dis remarquable par sa foi, car il crut fermement en « Dieu et ne s'écarta point de la croyance catholique; plus « remarquable par son espérance, car sa confiance en Dieu « lui mérita son secours, et il ne redouta aucune des persé- « cutions de ses ennemis; enfin, plus remarquable encore par « sa charité, car dévoré d'un amour ardent de Dieu et du « prochain, il accomplit fidèlement toutes les œuvres de la « charité. S'étant attaché à la suite et au sort des saints apôtres, « il fut pénétré du souffle de l'Esprit divin.

« Clair fut envoyé par le Pontife romain dans les contrées « de la Gaule, afin d'y prêcher la parole de Dieu, et d'ins- « truire par sa prédication, dans la foi catholique, ceux qui « ne croyaient pas. Il apporta avec lui le clou qui perça la « main droite du bienheureux Pierre suspendu à sa croix. Il « parvint en Bretagne sous la conduite de Dieu; et, sous « l'inspiration de la grâce divine, il fut fait premier évêque « de Nantes. Il construisit dans cette ville, en l'honneur de « Dieu, de la Bienheureuse Vierge Marie, des saints apôtres « Pierre et Paul, et de tous les saints, une basilique où il plaça « le clou qu'il avait apporté avec lui; et qui, conservé, avec « plusieurs autres reliques, dans la dite église, brille de l'éclat « de glorieux miracles. »

Légende de Saint Félix.

« Le glorieux Evêque saint Félix, naquit dans la ville de « Bourges, de parents illustres à ce point qu'il tenait par le « sang à la plupart des nobles familles de la province d'Aqui- « taine. C'est à bon droit qu'il porta le nom de Félix, car sa « vie et sa mort furent également heureuses.

« Au temps où Clair, premier évêque de Nantes, fut en- « voyé par les apôtres (accompagné du diacre Déodat) prêcher « en cette ville, il ne lui fut pas possible de construire une « église dans l'enceinte de la cité à cause de l'opposition des « payens. Par la même raison, les autres évêques, ses succes- « seurs, en furent également empêchés jusqu'à ce que le bien- « heureux Sylvestre (Pape) eut fixé Constantin dans la foi. « Constantin porta un édit impérial, ordonnant de prêcher « ouvertement Notre-Seigneur Jésus-Christ dans tout l'Uni-

« vers, et de bâtir des églises en son honneur, avec la per-« mission des évêques.

« Ce fut alors seulement que les évêques de Nantes osèrent « élever, dans l'enceinte des murs de la ville, une église en « l'honneur des bienheureux apôtres Pierre et Paul. Ils cons-« truisirent cette église dans la partie orientale de la cité, « avec trois petites cryptes, et cette petite église subsista « ainsi jusqu'au temps du roi Clotaire, fils de Clovis. Mais « alors, Eumélius, évêque de Nantes, jetant les fondements « d'une grande église, renferma complètement la petite dans « l'enceinte de la nouvelle, que le bienheureux évêque Félix, « successeur d'Eumélius, conduisit, par un travail admirable, » à une heureuse fin... (1). »

Ce qu'il faut remarquer d'abord dans ces légendes, c'est leur caractère liturgique attesté par leur introduction à l'office divin, au moins dès 1400. Je dis : au moins ; car leur cachet archéologique, qui se révèle par la forme d'homélie, le préambule, la citation de textes sacrés, le style correct, méthodique, élégant même et contrastant avec la latinité dégénérée des répons qui les encadrent à l'office, les fait remonter à une antiquité beaucoup plus reculée. J'aurai occasion de le démontrer encore par la comparaison de légendes de formes semblables et de dates certaines. Mais je veux, dès maintenant, en tirer une preuve de deux documents nantais parfaitement authentiques. Le premier est l'office de saint Donatien et de saint Rogatien dont la légende occupait primitivement presque toutes les parties, même les hymnes et les antiennes qui la répétaient. Nous l'avons conservé et intercalé dans notre bréviaire actuel, comme type curieux et utile à étudier. La légende de saint Clair fut également insérée en entier et partagée en neuf leçons au lieu d'être abrégée et réduite aux trois du second nocturne, comme cela se pratiqua plus tard. Tel était le respect de nos pères pour ces vénérables témoins de nos origines chrétiennes.

Le second document est un *Ordinarium Ecclesiæ Nannetensis*, retrouvé et conservé à la Bibliothèque Nationale (2). C'est un ordre ou *Ordo* des rites des offices, datant de 1263.

(1) Le reste de la Légende raconte la consécration de l'église illustrée par les chants si connus de Fortunat.

(2) *Bibliothèque nationale*, n° B. B., t. 4.

Bien qu'il ne contienne pas nos légendes en entier, cet important manuscrit, dressé par le grand-chantre, dignitaire de la cathédrale de Nantes, règle les cérémonies des fêtes et parle de saint Clair de la même manière que nos légendes. On lit à la première page : « Moi, Hélie, humble chantre de la cathé-« drale de Nantes ; au nom de la sainte et indivisible Trinité, « en l'an de Notre-Seigneur MCCLXIII, j'ai composé ce pré-« sent opuscule concernant l'office divin, et je lui ai donné le « titre d'*Ordinaire*. Tout lecteur diligent pourra y trouver « comment l'office devra être chanté dans le cours de l'année. » Arrivant au 10 octobre, il ajoute : « Le VI des Ides, a lieu la « fête du bienheureux Clair, évêque et confesseur, qui se fait « à IX leçons. Ce Clair fut le premier évêque de Nantes, en-« voyé par le Pontife romain à cette même église. Il apporta « avec lui le clou qui perça la main droite du bienheureux « Pierre durant sa passion. Nous célébrons la fête de saint « Clair avec chappes, le lendemain de la Saint-Denis. » C'est ainsi qu'en remontant, à l'aide seulement des épaves de nos archives nantaises, nous arrivons à nos premières origines diocésaines, précieux débris, qui nous permettent de reconstruire notre berceau chrétien, comme à l'aide d'ossements fossiles épars, on parvient à reconstituer l'être fossile lui-même.

Mais ce qui frappe plus encore dans ces légendes, c'est leur caractère historique. Il apparaît dès le préambule, dans l'exposé succint qu'il fait du sort des disciples du Sauveur après son ascension. Trois faits principaux sont indiqués. La fidélité du plus grand nombre à suivre les traces et la loi de leur divin Maître. Le courage des martyrs dans la persécution d'Hérode et dans celle de Néron, auxquelles il est fait allusion, notamment par le supplice de la Croix encore en usage et qui fut celui du prince des apôtres. En troisième lieu, la présence parmi ces disciples, de prêtres (ou évêques) et de docteurs doués d'une sainteté éminente qu'ils puisaient, chose non moins digne de remarque, dans la célébration des augustes mystères du corps et du sang de Jésus-Christ. C'est parmi ces saints personnages que la légende va prendre saint Clair, et la première chose qu'elle constate, après son illustre origine et ses insignes vertus, c'est sa vocation apostolique.

« *Hic,* dit-elle, *Sanctorum Apostolorum consortia consecu-*
« *tus, divini spiramine Pneumatis est imbutus.* » Ce que l'on peut traduire d'une manière générale par ces mots : Cet homme fut disciple des saints apôtres; mais ce qu'il faut rendre plus exactement et littéralement par ceux-ci : « *Cet homme s'étant* « *attaché à la suite et au sort des saints apôtres, fut pé-* « *nétré du souffle du divin Esprit.* » Par ce souffle du divin Esprit, faut-il entendre l'action ordinaire de la grâce dans les saintes âmes ; ou bien l'infusion spéciale de l'Esprit-Saint qui descendit d'abord sur les apôtres au Cénacle, et qui descendait encore dans une certaine mesure sur leurs disciples, par la communication immédiate de leurs discours enflammés et par l'imposition de leurs mains, comme cela arriva, lors de l'élection des sept premiers diacres et de celle de saint Paul et de saint Barnabé? (1) Je suis porté à croire que c'est à ce dernier mode d'inspiration que la légende fait allusion. Toujours est-il que ce texte constate l'existence de saint Clair au temps des apôtres et son intimité avec eux. La légende de saint Félix est plus explicite encore : « *Il fut, dit-elle, envoyé par les* « *apôtres : Ab apostolis missus fuit.* » D'où l'on peut déjà conclure que les apôtres ayant tous accompli leur mission dans la seconde partie du premier siècle, celle de saint Clair date de cette époque et ne peut être renvoyée au troisième.

V

Mais ici se présentent plusieurs questions dont l'examen nous apportera de nouvelles lumières. Et d'abord, de quels apôtres entendent parler nos légendes? Naturellement de ceux qui s'occupaient de la conversion de l'Occident ; de saint Pierre venu à cet effet à Rome où il avait fixé son siège et d'où il étendait son action sur toutes les Gaûles ; de saint Paul que sa mission spéciale fit surnommer l'apôtre des Gentils, et qui, s'il ne passa pas lui-même dans la Gaule, y envoya, du moins, plusieurs disciples. Je crois inutile d'insister sur la coopération de saint Jacques le majeur, dont la présence en Espagne se faisait sentir même en deça des Pyrénées, et dont le tombeau devint dès lors le but d'un

(1) *Actes*. Ch. II, 2 et suivants, — ch. XIII, 3 et suivants.

des plus célèbres pèlerinages de l'Occident. Remarquons que je veux indiquer seulement les disciples directs de saint Pierre et de saint Paul. Je ne parle ni de la mission de saint Lazare et de ses sœurs en Provence, ni de celles de saint Maximin à Aix, de saint Front à Périgueux, de saint Martial à Limoges, de saint Julien au Mans, ni de plusieurs autres qui paraissent avoir fait partie des soixante-douze disciples choisis par le Sauveur lui-même en Judée, et avoir continué sous son inspiration même leur apostolat dans la Gaule. Chose admirable! le Sauveur se serait chargé, tout le premier, d'envoyer ses meilleurs amis porter la bonne nouvelle à la contrée qui devait être honorée du nom de *fille aînée de son Eglise!* (1)

Il m'a paru important d'insister sur ces indications qui font revivre à nos yeux la physionomie véritable de la première prédication évangélique en nos pays, trop oubliée et trop méconnue aujourd'hui.

Revenant à saint Clair, une seconde question se présente. Comment se fait-il que la légende de ce saint, après avoir constaté ses rapports intimes avec les apôtres, n'indique pas celui d'entre eux qui lui confia sa mission, et se borne à dire qu'il fut envoyé par le Pontife romain ? N'est-ce pas la preuve que ce Pontife fut un pape du troisième siècle ? C'est ainsi, en effet, que raisonnent nos contradicteurs, et cela d'après D. Lobineau qui, parlant du légendaire de Tréguier, affirme que ce document *dit simplement que Clair fut envoyé par le Pontife romain.* Il m'a fallu du temps, je l'avoue, avant de soupçonner le célèbre historien capable d'une citation tronquée, et, plus encore, avant d'y croire. J'ai dû cependant me rendre à l'évidence quand, ayant sous les yeux le texte même du légendaire, j'ai reconnu, à ma grande surprise, qu'il était exactement le même que celui de notre manuscrit nantais, et que D. Lobineau, citant la phrase qui attribue la mission de saint Clair au Pontife romain, tait celle qui précède et constate ses rapports avec les apôtres. La fin de la VIIe leçon se termine, en effet, par ces paroles : « *Hic sanctorum apos-*

(1) Consulter particulièrement, M. l'abbé Faillon, sur l'*Apostolat de sainte Madeleine, etc. en Provence.* — M. Lentheric : *Les villes mortes de la Provence.* — M. l'abbé Arbellot, sur l'*Apostolat de saint Martial à Limoges.* — M. Cirot de la Ville, *Origines chrétiennes de Bordeaux.* — Dom Piolin, *Origines de l'Eglise du Mans.*

« *tolorum consortia consecutus, divini pneumatis spira-* « *mine est imbutus.* » « *S'étant attaché à la suite et au* « *sort des saints apôtres,* il fut rempli du souffle de l'Esprit « divin. » Et la VIIIe leçon commence par celle-ci : « *Hic a* « *romano pontifice ad Galliæ partes missus fuit, ut prædi-* « *caret verbum Dei.* »

Or, qui ne voit que ces deux phrases renferment deux idées fort distinctes? et qui ne se demande pourquoi D. Lobineau a cité l'une et omis l'autre? Aurait-il supposé que les auteurs de la légende et du légendaire auraient été assez mal avisés pour ne pas s'apercevoir qu'en donnant à leurs paroles le sens qu'il leur prête, ils auraient démenti à la seconde ligne ce qu'ils affirmaient à la première ; ils auraient envoyé un disciple des apôtres prêcher l'Evangile en Armorique au *troisième siècle!* Non. L'historien ne pouvait leur supposer une pareille aberration ; mais ce qui lui était moins permis encore, c'était de tronquer un texte aussi important, d'affirmer que le légendaire de Tréguier disait *simplement :* « Il fut envoyé par le Pontife romain, » et d'insinuer par là que le légendaire autorisait le renvoi de la mission de notre apôtre au troisième siècle. Il est remarquable, en effet, que c'est de cette falsification et de cette interprétation erronée que sont sortis l'opiniâtreté de l'Ecole à reculer l'apostolat de saint Clair au IIIe siècle, et les vains efforts de ses partisans pour l'asseoir en l'air. Encore une fois, je veux ne voir qu'une préoccupation excessive chez notre savant bénédictin ; mais je ne puis que me prendre d'une plus grande indulgence pour ceux qui l'ont suivi de confiance.

Quelle était donc la pensée qui dirigeait les rédacteurs de la légende? Elle est fort simple et facile à saisir. Après avoir constaté l'apostolicité de la mission de saint Clair, ils entendaient certifier sa canonicité, c'est-à-dire son investiture par le Vicaire même de Jésus-Christ, préposé au gouvernement de l'Eglise universelle et à la nomination des Evêques : *Pasce oves meas.* Si les rédacteurs de la légende n'avaient pas résolu cette question, ils auraient laissé subsister celles-ci : — De qui donc saint Clair avait-il reçu sa mission? Etait-ce de son zèle privé? ou de l'autorité secondaire de l'un des premiers évêques envoyés par les apôtres dans les Gaules? ou d'un apôtre ; et du quel? Suivant l'une ou l'autre des réponses faites à ces questions, la mission de saint Clair variait de caractère et soulevait plus ou moins de questions incidentes. Cette expression : « *a Romano Pontifice missus est* » les tranchait toutes. Il était constaté que la mission de notre premier evêque et l'érection de son siège, non seulement avaient eu lieu aux temps apostoliques, mais qu'elles avaient l'honneur insigne d'être le fait direct du souverain Pontife, assis alors sur le siège de Rome. La distinction de ces deux idées est d'autant plus frappante, qu'elle se trouve accentuée matériellement par l'intervalle qui sépare deux leçons dans l'office, et qui est rempli par un répons.

Je ne puis abandonner l'étude du légendaire de Tréguier sans faire encore une observation importante. En comparant nos manuscrits armoricains avec ceux d'Arles et de Florence, il est impossible de n'être pas frappé des ressemblances qui existent entre eux quant à leur forme antique, leurs dates et faits qu'ils racontent, bien qu'ils aient des objets très différents, l'un saint Trophime, premier évêque d'Arles, l'autre saint Saturnin, premier évêque de Toulouse, et les nôtres saint Clair, premier évêque de Nantes. Rappelons quelques-unes de leurs expressions : « Sous Claude, dit le manuscrit d'Arles, « l'*apôtre saint Pierre envoya dans les Gaules*, pour prê- « cher la foi aux gentils, plusieurs disciples. Ce furent Tro- « phime, etc. » « *Après l'Ascension de Notre-Seigneur au* « *ciel, au commencement de la prédication évangélique*, « dit le manuscrit de Florence, Saturnin, profondément affermi « dans la foi, devint le disciple et l'envoyé de saint Pierre, « etc... » « *Après la Passion, la Résurrection et l'Ascen-* « *sion de Notre-Seigneur Jésus-Christ,* disent nos légendes « armoricaines, un grand nombre d'hommes et même de fem- « mes, *etiam mulieres*, souffrirent divers tourments... D'au- « tres, prêtres (ou évêques), *sacerdotes*, docteurs (ou prédica- « teurs), *doctores*, s'offrirent dans le sanctuaire de leurs cœurs « en hosties vivantes et agréables à Dieu... parmi lesquels fut « un homme illustre, nommé Clair... et qui, s'étant attaché à la « suite des apôtres, fut envoyé par le Pontife Romain... etc. »

Ainsi les auteurs de ces trois légendes remontent tous, dès le début de leur récit, au temps qui suivit l'Ascension, à la dispersion des apôtres et des disciples du Sauveur, et à la première prédication de l'Evangile. Ils montrent nos premiers évêques, disciples des saints apôtres et envoyés par eux dans les Gaules prêcher la foi aux gentils. Même époque, même point de départ de leur mission, même but et même assistance de l'Esprit divin qui coopère à leur prodigieuse entreprise; même succès enfin, tant en Provence qu'en Armorique.

Un trait particulier à notre légende mérite d'être remarqué. C'est l'insistance qu'elle met à dire que les femmes, même fidèles au Sauveur, furent persécutées et dispersées avec les disciples: *Etiam mulieres*. Ce trait est tellement caractéristique de notre document, que je n'hésiterai pas à le rapprocher d'un autre du IXe siècle, conservé au collège de la Magdeleine, à Oxford, et dont l'autorité est incontestable. Je veux parler de la *Vie de sainte Marie-Magdeleine*, par Raban Maur, disciple d'Alcuin, abbé du monastère de Fulda, et mort archevêque de Mayence, en 851. Il est bon d'observer aussi que Raban fut l'homme de son temps le mieux instruit de nos origines chrétiennes; qu'il fit le voyage de Palestine, et recueillit ce qu'il raconte sur les lieux mêmes qu'habitèrent les amis du Sauveur, où leurs souvenirs vivaient encore. « Ce fut, « dit-il, pendant que la tempête de cette persécution (celle « d'Hérode) sévissait avec rage, que les fidèles dispersés allèrent « dans les divers lieux du monde prêcher avec intrépidité la « parole du salut aux gentils, qui ignoraient Jésus-Christ. A « leur départ, les femmes et les veuves illustres qui les avaient « suivis à Jérusalem et en Orient, ne voulurent pas souffrir « d'être séparées de l'amie spéciale du Sauveur et la première « de toutes ses servantes. Elles voulurent accompagner aussi « les vingt-quatre anciens (1). Parmi les femmes fut la véné- « rable hôtesse du Fils de Dieu, Marthe, dont le frère, Lazare, « était alors évêque de Chypre; elle suivit les pas de sa sœur, « Marie-Magdeleine. Avec Marthe, fut la bienheureuse Mar- « celle, femme d'une grande dévotion et d'une grande foi, « suivante de la bienheureuse Marthe. C'était celle qui avait « adressé au Seigneur ce salut: « Bienheureux le ventre qui « vous a porté. » Saint Parmenas, diacre plein de foi et de la « grâce de Dieu, était aussi au nombre de ces disciples, et ce

(1) Pièce justificative n° I.

« fut à ses soins que sainte Marthe se confia, comme sainte « Marie-Magdeleine s'était confiée au saint Pontife Maximin. « Ils dirigèrent donc leur route vers les plages occidentales, « et cela par un admirable conseil de la divine Providence, « afin que la gloire et la célébrité de la bienheureuse Marie « et de sa sœur se répandissent dans tout l'univers, non seu- « lement par le moyen de l'Evangile (1), mais encore afin que, « de même que l'Orient avait été favorisé jusqu'alors de « l'exemple de leur sainte vie, la plage occidentale fut illus- « trée elle-même par leur présence corporelle et par leurs « très saintes reliques (2).

On me pardonnera cette citation un peu longue, et que j'aurais aimé compléter encore par d'autres documents authentiques du même âge, et constatant que Marie, mère de Jacques, premier évêque de Jérusalem, et Salomé dont il est parlé dans l'Evangile, s'embarquèrent avec Marie-Magdeleine, et abordèrent avec elle en Provence ; qu'elles y furent accompagnées par d'autres femmes, suivantes fidèles du Sauveur, entre autres par sainte Véronique, dont le tombeau, trop ignoré, existe dans la crypte de la vénérable église de saint Seurin, à Bordeaux (3). Mais, c'est plus qu'il n'en faut pour justifier l'importance de cette expression de notre légende : *Etiam mulieres*.

Si, des détails, nous passons au fond du récit des quatre légendes, nous y remarquons des analogies semblables et non moins frappantes. Toutes racontent qu'au premier siècle, des personnages se disant venus de Rome et envoyés par des apôtres envoyés eux-mêmes par un autre personnage nommé Jésus, grand par ses œuvres et par ses miracles, annonçaient que ce Jésus était l'unique Dieu, et que toutes les divinités indigènes et romaines devaient lui céder leurs temples. Ils prouvaient, d'ailleurs, leur mission par les miracles qu'ils faisaient eux-mêmes. Mais une merveille plus grande encore se produisait. Indigènes et romains croyaient en grand nombre à la divinité de Jésus, et son culte se substituait partout à celui des divinités adorées jusqu'alors.

(1) *Amen dico vobis ubicumque prædicatum fuerit evangelium istud in universo mundo, et quod fecit hæc narrabitur in memoriam ejus* (Marc XIV, 9).

(2) Manuscrits de la bibliothèque d'Oxford.

(3) Voir les origines chrétiennes de Bordeaux, par M. Cirot de la Ville.

Les auteurs de ces légendes ne racontaient pas seulement ces circonstances générales de la prédication évangélique, ils rapportaient aussi celles qui tenaient particulièrement à leurs contrées respectives. A Nantes, par exemple, ils disaient que l'envoyé des apôtres avait nom Clair; qu'il était évêque et accompagné d'un diacre nommé Déodat; que les païens n'acceptant pas d'abord le Dieu nouveau dans leur ville, il lui bâtit un petit temple hors des murs; qu'il envoya son diacre Déodat prêcher jusqu'au centre de l'Armorique; qu'il l'y suivit lui-même, et qu'il mourut à Réguini, non sans laisser dans le pays une chrétienté naissante qui subsista à l'état latent pendant les persécutions, et s'épanouit enfin à la paix donnée par Constantin.

Les écrivains des légendes d'Arles, de Florence et d'Oxford, enregistrant de leur côté les actes des Evêques envoyés par les apôtres dans la Gaule, notaient les circonstances particulières à la Provence, à l'Aquitaine et aux autres provinces.

Que conclure de ces observations? Sinon que, malgré la différence des lieux dans lesquels les légendes précitées ont été écrites, elles ont des analogies si frappantes quant à l'époque et aux circonstances de la prédication évangélique, qu'il est impossible de ne pas reconnaître qu'elles ont été puisées à une source commune, la tradition primitive, conservée par des souvenirs relativement récents ou par des premiers écrits consciencieux et autorisés; que, si les légendes d'Arles et de Florence remontent, par leur date, au XIe siècle, et celle d'Oxford au IXe, par son auteur mort en 85, il n'est pas téméraire de rapporter celle de Nantes aux mêmes époques; enfin, que de l'harmonie des faits contenus dans chaque légende, et de celle de ces légendes entre elles, il résulte une preuve importante, confirmative de la vérité de leurs récits. N'est-ce pas le cas, en effet, de répéter, en présence d'une pareille concordance de types : — Ce n'est pas ainsi qu'on invente.

Un dernier fait doit cependant être noté. C'est que les documents que nous venons de comparer, après avoir été dispersés par les événements et être restés trop longtemps ignorés, ont été retrouvés les uns à Nantes, les autres à Paris, à Florence, à Oxford, etc..., dans des dépôts d'archives publics, et dans des conditions telles qu'il est impossible de nier leur authenticité.

Je ne suis donc pas surpris qu'un docte bénédictin qui, de nos jours, a fait une étude particulière de nos traditions bretonnes, ait bien voulu m'écrire en réponse à quelques questions que je lui adressais : « Vous pouvez marcher de l'avant « et être sans crainte : aucun document ancien renfermant un « texte formellement contraire à votre opinion ne pourra vous « être opposé... Nous avons pour nous l'antiquité, c'est bien « quelque chose! (1) » Je suis heureux d'ajouter à ce témoignage celui d'un autre savant breton, membre de l'Institut, et non moins versé dans ces questions : « Je ne connais pas, « m'écrivait-il, de texte plus ancien que celui du XIVe siècle. « La tradition hiératique est une des choses avec lesquelles il « il faut compter quand elle est bien établie... L'Académie des « Inscriptions, par l'organe de M. Charles Le Normant, a « admis que la tradition hiératique non interrompue, *a la « valeur d'un témoignage contemporain en bonne critique « historique* (2). »

Ce sont précisément ces principes qui ont guidé les commissions liturgiques, et en particulier la congrégation romaine dite des Rites, dans leurs appréciations et leurs jugements en ces matières. Je crois d'ailleurs avoir suffisamment établi, par les observations précédentes, ces deux choses : — la première, que nos légendes de 1400 ont de telles analogies avec celles des XIe et IXe siècles (3), qu'elles peuvent remonter avec elles jusqu'aux premières sources traditionnelles ; la seconde, c'est que ces mêmes observations sont une nouvelle démonstration confirmant l'apostolat de saint Clair au premier siècle.

Une dernière question se pose, moins importante, mais non moins intéressante que celles qui précèdent. De quel pape saint Clair reçut-il l'investiture immédiate de sa mission? Est-ce de saint Pierre, comme le disent quelques-uns ? Est-ce de saint Lin son successeur, ainsi que le veulent nos traditions? Nos légendes de 1400 ne résolvent pas directement cette question. Mais elles rapportent un fait qui paraît inconciliable avec l'investiture par le Prince des Apôtres. C'est que saint Clair, en quittant Rome, apporta avec lui un des clous

(1) D. Plaine, bénédictin de Ligugé, exilé à Silos, Espagne. Lettre du 27 octobre 1882.

(2) M. de la Villemarqué, directeur de l'Association bretonne. Lettres des 16 septembre et 4 décembre 1882.

(3) Il me serait facile de rapprocher nos légendes de légendes plus anciennes encore, ne serait-ce que de celles sur lesquelles a été écrite, en partie, celle de Raban Maur, et qui remontent aux VIe et Ve siècles.

qui servit au crucifiement de saint Pierre. Est-il présumable que l'apôtre mourant ait remis lui-même cette précieuse relique à son disciple? Non. Ce serait donc après le martyre du bienheureux Pierre, et par saint Lin, qu'elle lui aurait été confiée (1).

Nos grands historiens ecclésiastiques rapportent un fait qui jette une vive lumière sur cette question. Retraçant la chronologie des papes d'après le catalogue du pape Libère, qui fait autorité et qui désigne les règnes des papes d'après les années des consuls, ils font remarquer que « vers l'an 56, « saint Pierre ayant ordonné évêques saint Lin, saint Clément « et saint Clet, chargea spécialement le premier de gouverner « l'Eglise de Rome en son absence ; et que l'an 65-66, sous le « consulat de Nerva et de Vertinius, saint Pierre souffrit le « martyre et eut pour successeur saint Lin, *qui était déjà « son coadjuteur* (2). » Ajoutons que saint Pierre resta enfermé dans la prison Mamertine, avec saint Paul, neuf mois entiers. Cela étant, n'est-il pas vraisemblable que saint Clair, admis à l'intimité des apôtres, le fut également à celle de saint Lin ; que de cette familiarité serait née une communauté de vues entre l'apôtre et son coadjuteur ; et que la prison et le martyre du premier étant survenus inopinément, le second serait resté chargé d'investir définitivement saint Clair de sa mission lointaine, et lui aurait confié, comme encouragement et bénédiction, le clou, précieuse relique de leur commun maître ? Cette explication est tellement naturelle, qu'elle laisse à peine place au doute. Qu'on veuille bien remarquer cependant que je la donne comme un simple éclaircissement, et non comme une preuve de ma thèse. Que les choses se soient passées ainsi que je viens de le dire ou autrement, l'apostolicité de la mission de notre premier évêque n'en demeure pas moins constatée par toutes les preuves qui précèdent.

VI.

Je me suis étendu longuement sur nos premiers manuscrits traditionnels à cause de leur importance. Je devrais maintenant descendre de 1400 jusqu'à nos jours, en énumérant la suite de nos documents, mais ils deviennent si nombreux et

(1) Voir dans la suite, *passim*, ce qui concerne saint Lin.
(2) Rohrbacher, t. IV, p. 456 et 457, 1re édition, Gaume, 1849.

si variés que je ne puis entrer ici dans le détail de cette nomenclature. Cela n'est d'ailleurs pas nécessaire, il me suffira d'indiquer le développement de la chaîne, et de m'arrêter à ses principaux anneaux.

Continuant d'abord la série liturgique, je dirai qu'elle se compose d'une suite de bréviaires, de missels, d'ordinaires, etc.., qui se sont succédé de 1400 à 1782, tous identiques au fond et différant peu dans l'expression. Les principales variantes qu'on y remarque se trouvent, la première, au bréviaire imprimé en 1518. Au lieu de : *ab apostolis missus*, que porte la légende de saint Félix de 1400, on lit : *ab apostolico missus*. Est-ce une faute de copie commise par les éditeurs de 1518, ou bien une élision grammaticale, sous-entendant le mot *tempore* déjà exprimé au commencement de la phrase? Quoi qu'il en soit, l'idée est la même et nous ramène toujours à l'époque apostolique.

La seconde variante se fait remarquer dans un missel du XVe siècle, au graduel de la messe de saint Clair, qui porte : *a Clemente directus; dirigé par saint Clément..* C'est le seul de nos documents où le nom de ce pape est substitué à celui de saint Lin. Mais on peut se demander si l'auteur de cette messe a entendu parler de la mission proprement dite du saint, ou de la direction de sa mission. Dans le premier cas, cet auteur aurait exprimé une opinion particulière à lui et qui ne pourrait prévaloir. Dans le second cas, il aurait été dans le vrai ; car saint Lin n'ayant occupé le siége apostolique qu'un an et quelques mois, saint Clément, son successeur, dut nécessairement continuer la direction suprême de l'œuvre de saint Clair. Enfin, dans l'un comme dans l'autre cas, saint Clément ayant siégé de 67 à 76, nous ne sortirions point encore du Ier siècle.

C'est sans doute cette variante qui a porté quelques liturgistes à supposer que la mission de saint Clair aurait pu se prolonger dans le IIe siècle, et c'est ce qui me détermine à faire remarquer que cette prolongation est peu probable. On sait que la coutume des Apôtres et de leurs premiers successeurs était de ne confier le sacerdoce, et surtout les missions importantes, qu'à des hommes d'un certain âge, et ayant la maturité de la vieillesse : πρεσϐυτεροι. Si donc on ajoute aux années de Clair, quand il reçut sa mission de saint Lin, les vingt-cinq années qui s'écoulèrent de la mort de ce pape à l'an 100; si l'on prend garde aussi à la fatigue exceptionnelle du laborieux ministère de notre apôtre, on conviendra qu'il est peu vraisemblable qu'il soit entré dans le IIe siècle, et que ceux de nos documents qui placent sa mort dans les dernières années du Ier sont plus près de la vérité. Nous revenons donc toujours et de toute manière à notre même conclusion : Saint Clair et son apostolat appartiennent bien au Ier siècle.

Notre tradition s'est ainsi perpétuée sans altération essentielle jusqu'en 1782. « A cette époque, dit Mgr Richard, il se « trouva des hommes qui, entraînés par le torrent de la nou- « veauté, se donnèrent mission de réformer le *Propre* nan- « tais. Pour la première fois, l'antique tradition qui nous était « parvenue intacte fut mise de côté, et pas un *iota* ne fut « gardé dans les nouvelles légendes qui put faire soupçonner « l'existence de cette tradition, la gloire jusqu'alors de l'Eglise « de Nantes ([1]). »

Je crois inutile d'insister sur cette déviation que condamnait son exagération même. En moins d'un demi-siècle, plusieurs réformes du Propre nantais, empreintes de l'innovation indiquée ci-dessus, se succédèrent, faute de bases solides. Cependant, notre antique liturgie ne cessa point de vivre dans les souvenirs et dans les regrets de ceux qui avaient pu la connaître ou l'apprécier, et cette protestation ne fut pas toujours muette. Au cours du XVIIIe siècle, un chanoine de la cathédrale, qui ne nous a malheureusement pas laissé son nom, dressa un Pouillé du diocèse, précédé d'un catalogue des Evêques de Nantes, en tête duquel il reproduisit la tradition relative à saint Clair, d'une manière très-précise, en ces termes : « Saint Clair, disciple des apôtres saint Pierre et saint Paul, « fut envoyé à Nantes, ville capitale de Bretagne, par saint Lin, « pape, successeur de saint Pierre, l'an 72, sous l'empire de « Vespasien, pour y annoncer l'Evangile; où ayant converti

(1) *Anno tantum 1782, torrente abrepti, novatoribus paruerunt qui Proprium diœcesis instaurandi provinciam susceperunt. Pro primâ vice, traditio antiqua, quæ per tot secula incontaminata permanserat, intermissa fuit; et ne unum quidem* iota *insertum est in novis lectionibus quo locus daretur suspicandi traditionem hanc qua constanter huc usque gloriabatur Ecclesia Nannetensis. (Missæ et officia...,* p. 182.)

« grand nombre de fidèles à la foi de Jésus-Christ, il bâtit une « petite église en l'honneur des saints Apôtres, dans laquelle « il mit pour relique le clou dont la main droite de son bon « maître, saint Pierre, avait été attachée à la croix. Après « avoir supporté de très-grandes fatigues et fait un nombre « presqu'infini de miracles, il décéda en paix le 10e jour « d'octobre, jour auquel le diocèse de Nantes célèbre sa « fête (1). »

La cathédrale elle-même protesta, en faisant peindre et suspendre à ses murs un tableau de grande dimension, représentant saint Clair guérissant les aveugles. Le saint y paraît sous un dais, revêtu des habits pontificaux. A ses pieds sont des infirmes, en costume bas-breton, et le Pontife touche de son anneau leurs yeux éteints. Près de lui un diacre (Déodat sans doute), se tient debout, en dalmatique, et porte dans un plat d'or le précieux clou de saint Pierre. Au dernier plan et dans l'ombre paraît le grand portique de la cathédrale, et, sur le pilier qui sépare les deux baies d'entrée, une statue de la Mère de Dieu, tenant l'enfant Jésus dans ses bras (2). Tous ces détails empruntés à nos légendes de 1400 témoignent de l'empire que ces documents continuaient d'exercer sur les esprits. Le tableau, signé Loysel et daté de 1775, prouve en même temps que nos traditions primitives se perpétuèrent vivantes, et malgré les contradictions qu'elles éprouvaient, jusqu'à l'époque de la Révolution (3).

Au sortir de la tourmente, les membres de l'ancien clergé, revenus de l'exil, s'occupèrent à relever leur églises tombées en ruine, et plusieurs prirent sur eux d'y réintégrer en même temps les anciens rites et la manière de prier traditionnelle. J'entrais à cette époque dans la carrière cléricale, et j'eus plus d'une fois occasion d'entendre ces vénérables confesseurs de la foi discuter le mérite de notre première liturgie et la rappeler de leurs vœux. Aussi quand, en 1856, le diocèse fut

(1) Ce pouillé, manuscrit, est une épave de la révolution. Il fut acheté par moi dans une vente et déposé aux archives du Chapitre en 1877.

(2) C'est depuis la Révolution seulement que cette statue a été remplacée par celle de saint Pierre.

(3) Ce tableau est encore une épave de la Révolution. Après maintes vicissitudes, il fut réintégré à la sacristie de la cathédrâle où la chute d'un parpaing le mit en lambeaux. Restauré par une main habile, il est revenu s'abriter dans la chapelle Saint-Jean, attendant la place d'honneur qu'il mérite.

convié à la reprendre, sur l'invitation du grand Pontife Pie IX, et avec l'approbation du vénérable évêque, Mgr Jaquemet, de pieuse et sainte mémoire, ce retour fut-il accueilli avec un empressement général.

La principale question qui fut agitée dans la commission liturgique de 1856, relativement à saint Clair, fut de savoir si l'on reviendrait simplement à la légende de 1400, ou s'il en serait rédigée une nouvelle? Il fut convenu que, sans toucher aux parties essentielles de la leçon, on en abrégerait un peu le préambule et l'on y ajouterait quelques détails relatifs aux reliques du saint; qu'ainsi on terminerait par un dernier et utile anneau la chaîne de notre tradition. L'éminent président de la commission voulut bien se charger de cette rédaction. Il la fit avec une parfaite intelligence du sujet et dans un style qui en rehausse encore le mérite. Je ne puis mieux faire que de mettre la traduction de ce texte sous les yeux de mes lecteurs:

« Lorsque le Bienheureux Pierre, à qui Dieu avait ordonné « de paître les agneaux et les brebis, eut fondé la chaire « apostolique à Rome, des hommes remplis de la grâce de « Dieu furent envoyés par lui dans toutes les parties de l'Oc- « cident, annoncer Jésus-Christ. Aussi déjà, dès les premiers « siècles, de nombreux et vaillants prédicateurs de la foi « avaient été dirigés de Rome vers les Gaules. Parmi eux « se distingua Clair, homme illustre, de mœurs saintes, ins- « truit des célestes doctrines, détaché des jouissances du « monde, repoussant les voluptés de la chair, s'attachant à « Dieu de toute son âme, et revêtu comme d'une armure des « fortes vertus de la chasteté et de la pénitence.

« Cet homme, ainsi que nous l'avons appris par la tradition « de nos ancêtres et que nous le lisons dans les anciens ma- « nuscrits de notre église, s'étant attaché à la suite et au sort « des Apôtres, était rempli de l'Esprit-Saint. Il fut envoyé « par le Pontife romain dans une partie de la Gaule, accom- « pagné du diacre Déodat, afin d'y prêcher la parole de Dieu, « et d'instruire, par sa prédication, dans la foi catholique, « ceux qui ne croyaient pas. Il apporta avec lui le clou qui « perça la main droite du Bienheureux Pierre suspendu à sa « croix. Il parvint dans la petite Bretagne, sous la conduite

« de Dieu ; et, sous l'inspiration de la grâce divine, il fut « fait évêque de la ville de Nantes. Là, il construisit un ora- « toire ou église sous le vocable des Bienheureux Pierre et « Paul, dans laquelle il plaça le clou qu'il avait apporté avec « lui. Il s'endormit dans le Seigneur le premier jour des ides « d'octobre, et fut inhumé à Réguini, sur le territoire de « Vannes... (1) »

Il est facile de remarquer que cette légende n'est pas seulement le résumé succint de nos documents traditionnels ; son rétablissement à l'office divin par l'autorité ecclésiastique supérieure est une nouvelle confirmation de leur authenticité, et de la vérité des faits qu'ils rapportent. Je n'ajouterais rien si je n'avais à rectifier une interprétation futile au moyen de laquelle on a tenté quelquefois d'éluder le sens et l'autorité de ce document. — Remarquez, a-t-on dit, que votre dernière légende ne dit pas que saint Clair vint *à primo seculo* (au singulier) ; mais : *à primis seculis* (au pluriel). Or, vous ne nierez pas que les III° et IV° siècles ne fassent partie des premiers siècles. — Remarquez à votre tour, reprendrai-je, que le Ier et le IIe siècles sont à bien plus forte raison les premiers siècles, et ne prêtez pas à l'auteur de la légende une opinion qu'il ne partageait pas. Si vous en voulez la preuve, ouvrez son compte-rendu ; vous y lirez : « Si l'on nous demande « à quelle époque nous est venu le Bienheureux Clair, nous « répondrons : — Ce fut à la fin du Ier siècle ou au commen- « cement du IIe. C'est ainsi que la tradition nantaise a été « comprise et acceptée par le P. Papebrok, après mûr exa- « men de la question (2). »

En invoquant le nom de l'illustre bollandiste, le vénérable président de la Commission nantaise ne se proposait pas seulement d'appuyer son sentiment personnel ; il résolvait une difficulté contre laquelle plusieurs sont venus se heurter. Il est à remarquer, en effet, que les auteurs des *Acta Sanctorum*, n'ont pas traité à fond la question de saint Clair. Ils l'ont touchée incidemment, en tâtonnant, et l'un de leurs collabo-

(1) Le reste de la légende concerne les reliques du saint Evêque. On peut voir le texte latin, complet, au bréviaire nantais actuel.

(2) *Si vero tempus quæritur, respondebimus beatum præsulem venisse, vel abeunte seculo primo, vel secundo ineunte. Ita traditionem nannetensem intellexit et probandam judicavit P. Papebrochius, quæstione maturè discussà.* (*Missæ et officia*, p. 194).

rateurs, Byeus, entraîné par les opinions qui prévalaient alors, alla jusqu'à admettre comme vraisemblable la mission de notre apôtre au IIIe siècle. La principale cause de ces hésitations fut que ces savants eux-mêmes ignorèrent nos manuscrits primitifs, et n'eurent, sous les yeux, que des documents secondaires et récents, à partir de 1622. Malgré cela, leurs commentateurs les plus érudits restèrent fortement attachés à notre tradition. Le P. Papebrok, entre autres, recommande de s'y tenir (1). Il fut accompagné dans cette voie par Henschenius, autre sommité bollandienne; et ces esprits éminents donnèrent en cela une nouvelle preuve de la justesse de leur jugement, que l'avenir, d'ailleurs, devait confirmer. Sur quoi, Mgr Richard, après avoir constaté les faits qui précèdent, s'écrie : «Qu'eussent « donc pensé, qu'eussent affirmé ces savants, s'ils avaient eu, « comme nous, le bonheur de feuilleter de leurs mains, de « scruter de leurs yeux nos plus anciens manuscrits? Assuré- « ment, ces hommes qui, guidés par des données insuffisantes « et peu nombreuses, disaient et écrivaient qu'on pouvait s'en « tenir à nos traditions, eussent recommandé plus fortement « encore de les conserver et de les défendre, instruits qu'ils « auraient été par des monuments plus anciens, et ou- « bliés (2). » Répondant à cette observation, j'ose dire que ces érudits n'auraient pas hésité entre le Ier et le IIe siècle. Ils auraient admis comme date précise et certaine le Ier siècle.

VII

Jusqu'ici je me suis borné à apporter des témoignages liturgiques. Ils sont, en effet, les plus importants. Cependant, il en est d'autres, de divers genres et d'un grand poids. Mais ils sont également très nombreux et je ne puis qu'en indiquer

(1) Boll. : 24 mai, Commentaire sur saint Donatien et saint Rogatien, Prologue — 1er juin; *Divinatio de pluribus sanctis, hic in unam personam conflatis.*

(2) *Nec intereà nos fugere debet Bollandianos, cum Ecclesiæ nannetensis fidem retinendam arbitrantur atque prædicant, in promptu non habuisse nisi Propria recentiora, illa scilicet quæ prodiere anno 1622 et posterius. Quid putassent et affirmassent si antiquiora manuscripta quæ nobis feliciter occurrerunt pertractare manibus et oculis perscrutari illis contingisset? Indubitanter, qui jam paucioribus et fere inferioribus inducti signis, attamen traditionibus nostris stari posse opinabantur et scriptitabant, profectò asseverantiùs eas conservandas tuendasque existimavissent atque declarassent, vetustioribus et huc usque inauditis instructi monumentis? — (Missæ et Officia, p. 188....)*

quelques-uns en courant et en les rattachant à notre chaîne traditionnelle.

Parmi nos plus anciens écrivains locaux, en 1469, Guillaume de Malestroit soutenait, au sujet de la régale de son Évêché, un procès contre le duc de Bretagne. Le premier article qu'il invoque en faveur de son droit est l'ancienneté de son Siége.

« *Item.* L'on sceyt assez notairement que ladite église est « une des plus notables églises de Bretaigne, la tierce de toute « la chrétienté fondée au nom de saint Père et saint Poul (1).

M. Stéphane de la Nicollière, archiviste et archéologue distingué de notre ville, fait suivre ce texte qu'il cite, de la réflexion suivante : « La notoriété formellement articulée par le « prélat comme base de ses arguments, à l'encontre du « Souverain, est ici fort importante. Elle établit qu'à cette « époque, la croyance générale rattachait l'érection du « troisième sanctuaire dédié aux apôtres saint Pierre et saint « Paul au temps qui suivit leur martyre; et que dans la « pensée de tous, la chrétienté nantaise devait, en principe, à « sa haute antiquité les grandes immunités qui la distinguaient « entre ses sœurs bretonnes; immunités qu'elle cherchait à « défendre sans se prévaloir de sa priorité et de son droit « d'ainesse. »

Ajoutons que cette même notoriété confirme admirablement le départ de saint Clair, de Rome, et son arrivée à Nantes peu de temps après le martyre de saint Pierre. Il ne fut pas le seul en effet, — il serait facile d'en donner des exemples, — ni le moins empressé parmi les hommes apostoliques, à établir, en même temps que le culte du Christ et de la Sainte-Vierge, celui des Princes des Apôtres et des premiers martyrs.

Dargentré, dit le Père de notre histoire de Bretagne, écrivait : « Saint Clair, premier Evesque, commença à Nantes les fonde- « ments d'une église en memoire de Saint Pierre et de Saint « Paul apostres desquels il avoit été disciple — Il y a en Bre- « tagne eveschés de grande antiquité se disans avoir été insti- « tués en la foy bientôt après le temps des apostres de la main « desquels leur auroit été envoyé le premier de leurs évesques, « qui étoit leur disciple, appellé Clarus, que l'on nomme en « françois Clair (2). »

(1) Arch. départ., Arm : F ; Cas. C...
(2) Edit. 1604, fol. 50. — Edit. 1668, p. 34.

Dupaz dit à son tour : « Saint Clair vivoit du temps de « Saint Pierre. Il mourut sous l'empire de Néron [1]. »

« La ville de Nantes a premier receu le christianisme, ajoute « Boutin, et pour Evesque a eu Saint Clair, disciple de Linus, « immédiatement successeur de Saint Pierre. Par conséquent « est une église apostolique [2]. »

« Nantes receut et embrassa la saincte et vraye religion « catholique, apostolique et romaine, dit Biré, par les saintes « prédications de Monsieur Saint Clair premier évesque dudit « Nantes, et de toute la Bretaigne, disciple des apostres, « envoyé par le Pape Saint Lin, successeur immédiat de saint « Pierre, chef et prince des apostres, l'an 70 après la nativité « de notre Rédempteur [3]. »

Albert le Grand s'étend davantage et s'exprime ainsi : « La « ville de Nantes receut la foy dès l'an soixante-dix, après la « Nativité de Nostre-Seigneur Jésus-Christ par la prédication « de S. Clair, lequel ayant esté envoyé ès Gaules par le pape « Sainct Lin, soubs l'empire de Vitellius finissant, pénétra « iusques ès Armoriques, et s'aresta dans la ville de Nantes, « lors une des principales du pays, et séjour ordinaire des « questeurs et receveurs des romains pour les ports et havres « des citez armoriques. Il establit son siège en cette ville, et « envoya son disciple Deodatus convertir ceux de Vennes et « de Cornoüaille, lesquels furent de son diocèse iusqu'à l'an « trois cens octante-sept... Il édifia à Nantes une petite cha- « pelle en l'honneur des Princes des apostres S. Pierre et « S. Paul, où il mit le clou dont la main droite de Saint « Pierre avoit esté attachée en croix, et ayant enduré plu- « sieurs fatigues, déceda en paix le dixième jour d'octobre de « l'an de grâce quatre-vingt-seize. La tradition tient qu'il « déceda en la paroisse de *Regvini*, au diocèse de Ven- « nes... [4]. »

Je n'ignore pas que les adversaires de nos traditions ont affecté de discréditer Albert le Grand, et je ne prétends pas qu'il soit infaillible. Mais quand je considère la sincérité et la modestie de cet historien ; qu'il fallut un ordre de ses supérieurs pour le déterminer à visiter les archives des neuf

(1) Généalogies de Bretagne, p. 841.
(2) Apologie pour la Communauté de Nantes... 1619.
(3) Episémasie, II, p. 52.
(4) Catalogue des Evêques de Nantes.

anciens évêchés de Bretagne; que les Evêques s'empressèrent de lui en ouvrir les portes; que les docteurs de son temps approuvèrent ses écrits: quand j'étudie attentivement ses textes, je ne puis m'empêcher de croire que les défauts qu'on lui reproche tiennent bien plus à sa fidélité consciencieuse à reproduire les textes qu'il avait sous les yeux qu'à la fantaisie, et qu'il importe de ne pas le condamner sans preuves. Il est arrivé plus d'une fois que les erreurs qu'on lui imputait ont disparu à la suite de recherches et de découvertes ultérieures. J'en ai fait moi-même l'expérience lors de nos fouilles à Saint-Donatien, en 1872; et je ne sais si le cas présent ne nous en fournirait pas un nouvel exemple. Après tous les témoignages que nous venons de passer en revue, la date de l'an soixante-dix qu'il assigne à la mission de saint Clair, et celle de quatre-vingt-seize, environ, qu'il donne à sa mort, sont-elles donc aussi éloignées de la vérité qu'on s'est plu à le dire? Je ne puis l'admettre. Une dernière remarque à faire en faveur du docte dominicain et à l'encontre de son contradicteur D. Lobineau, c'est que le premier a eu soin, dans sa *Vie de Saint Clair*, d'indiquer les nombreuses sources qu'il a consultées, tandis que le second va coupant et tranchant dans le travail de son prédécesseur sans se donner la peine d'indiquer une pièce, une preuve quelconque qui justifient cette opération vraiment trop autoritaire (1).

Arrivant aux témoignages des temps actuels, j'en citerai seulement trois. Le premier est celui de l'un de nos érudits nantais, M. Stéphane de la Nicollière, que j'ai déjà été heureux de citer plus haut.

« Au-dessus de l'obscurité qui semble envelopper l'origine « du Christianisme dans la Bretagne Armorique, dit-il, plane « comme un point lumineux, la tradition de l'Eglise de « Nantes, qui nous apprend que saint Clair vint évangéliser « nos contrées vers la fin du Ier siècle, ou le commencement « du IIe... Constatons d'abord que, bien avant le XVIIIe siècle, « l'histoire s'accordait parfaitement avec la tradition litur- « gique. En se prononçant pour le IIIe siècle, il est aisé de « remarquer que les bénédictins n'apportent aucune raison, « n'allèguent aucun fait, ne fournissent aucune preuve, n'en- « trent dans aucun détail qui nous instruisent des motifs de

(1) Pièce justificative no V.

« cette préférence... N'est-il pas surprenant que ces religieux « aient été si négligents dans l'étude de la tradition bre- « tonne, en effleurant seulement l'important sujet de l'intro- « duction du Christianisme dans la Province? Ce fait trouve « naturellement son explication dans les idées nouvelles géné- « ralement en vogue à l'époque où vivaient nos historiens « D. Lobineau et D. Morice. Les traditions, les légendes con- « sidérées avec dédain, regardées comme des restes de la « naïve crédulité de nos Pères, au lieu d'être discutées et ap- « profondies, étaient rangées parmi les faits incertains, dou- « teux et apocryphes. D. Lobineau et D. Morice, entraînés « par le courant, admirent ce système avec trop de facilité, « changèrent une date sans se préoccuper de la vérité, et leur « science incontestable prêta à cette opinion une vraisemblance « difficile à dissiper... Rien n'autorise l'attribution de l'Epis- « copat de saint Clair au fondateur du siége de Tours, etc. (1). »

Le second témoignage que j'invoque est celui d'un autre érudit de notre ville, M. l'abbé Jubineau, chanoine de la cathédrale, supérieur des missionnaires diocésains, homme aussi distingué par sa science que par sa piété. Surpris par la mort, il n'a rien publié sur saint Clair. Mais, membre de la Commission liturgique dont je faisais partie, il fut chargé d'exposer ses travaux au Congrès de la Société française d'Archéologie, réuni à Nantes en 1856, et ses communications y furent accueillies avec une faveur marquée. Je ne puis mieux faire que de renvoyer au compte-rendu du Congrès (2).

L'autorité que j'invoque en terminant représente à la fois la science et l'art. Elle rappelle en même temps un bien touchant souvenir. En 1877, Mgr Fournier, évêque de Nantes, faisait sa visite au tombeau des saints Apôtres. Le 1er juin, quelques jours avant d'être surpris par la mort, il était aux pieds du grand pontife Pie IX, et, dans une allocution pleine de vérité et de grâce, il rappelait nos origines diocésaines et disait : « L'Eglise de Nantes, dont Votre Paternité daigne me confier « la garde, a un grand souvenir qui est son honneur. Dès les « temps apostoliques, le Pontife suprême envoya dans nos

(1) Considérations sur les Origines du Diocèse et de la Cathédrale de Nantes.
(2) Pièce justif. no IV.

« contrées l'Illustre Clarus. Notre Armorique ne connaissait » alors que le culte des Druides, où celui des faux dieux. « Saint Clair y planta la foi. Avec la croix de Jésus-Christ, il « apportait de Rome un des clous par lesquels saint Pierre « subit son glorieux martyre.

« Ce clou sacré nous a attaché à saint Pierre et à ses suc- « cesseurs. Nous ne nous en détacherons jamais (1). »

Ainsi parlait ce prélat d'aimable et douce mémoire, et je puis dire que son vénérable successeur, Monseigneur Le Coq, partage ces mêmes sentiments et considère notre tradition comme l'une des plus nobles parts de son héritage.

Concluons..... Mais quel besoin de conclure, quand à chacune des pages qu'on vient de lire nos conclusions reparaissent environnées de preuves aussi variées que décisives?

Résumons plutôt, et disons : Il existe au diocèse de Nantes une tradition de dix-huit siècles, orale, écrite, non interrompue et qui apprend qu'au Ier siècle, un disciple des Apôtres, nommé CLARUS (Clair), fut envoyé par le Pontife romain, gouvernant alors l'Eglise Universelle, prêcher l'Evangile dans nos contrées. Clair apportait avec lui, comme gage de la bénédiction apostolique, l'un des clous qui avait servi au crucifiement de saint Pierre. Il s'arrêta sur les bords de la Loire, à Nantes, où il fixa son siége, et il en devint le premier évêque. De là, il étendit sa prédication, tant par son diacre Déodat que par lui-même, dans les diverses parties de la Bretagne. Il mourut à Réguini, aujourd'hui du diocèse de Vannes, et il y laissa son tombeau et ses restes mortels vénérés. Sa mémoire est honorée à Nantes, dans toute la Bretagne et ailleurs encore, d'un culte immémorial et solennel.

Cette tradition nous a été transmise par des documents nombreux et authentiques. Elle nous est parvenue incontestée jusqu'au XVIIIe siècle, où elle fut momentanément combattue par une école systématique et peu sérieuse. La Révolution l'atteignit plus dangereusement en anéantissant et en dispersant ces documents. Cependant, il en échappa assez au naufrage pour lui permettre de revendiquer ses droits, le jour où il lui serait possible de les faire valoir. Ce jour se leva sous l'épiscopat de Mgr Jaquemet, évêque de

(1) *Semaine religieuse* du 7 juin 1877.

Nantes, et sous le glorieux pontificat de Pie IX. L'Evêque et le Pontife procédèrent successivement à l'examen de cette grave question, avec toute la maturité que réclament les saints Canons, et, tout pesé dans la balance de l'exacte vérité, ils applaudirent à la prière d'une église jalouse de ses prérogatives séculaires, et confirmèrent de nouveau l'apostolicité et la canonicité de son origine, en réintégrant ses textes primitifs au divin office.

Notre tradition sur l'Apostolat de saint Clair au Ier siècle n'est donc pas seulement un fait ; elle est un monument couronné par l'éclat du culte et constatant le privilège insigne de notre Eglise. Elle est notre possession et notre titre; ni les conjectures ni les sophismes ne peuvent nous la ravir. Nous la gardons et nous la garderons, parce qu'elle est aussi notre gloire.

APPENDICE.

J'ai annoncé qu'après avoir exposé la tradition relative à l'apostolat de saint Clair, je toucherais quelques questions moins importantes, mais non sans intérêt, soulevées par nos légendes, et sur lesquelles de nouvelles recherches pourraient apporter plus de lumière.

I. — La première est celle du nom et de l'origine de notre apôtre. Le nom de *Clarus* et la qualification de *vir illustris* que lui donne sa légende, indiquent, en effet, une illustration antérieure à son apostolat. C'est pourquoi quelques-uns ont pensé qu'il était issu d'une noble famille romaine, et attaché, comme saint Lin, au groupe de Romains distingués convertis par saint Pierre et parmi lesquels se faisait remarquer le sénateur Pudens. On est allé dans cette voie jusqu'à suivre le nom de Clarus en Afrique, en Espagne, en Aquitaine, et à l'attribuer à un même personnage qui aurait été notre premier évêque. J'avoue que, tout en admirant l'érudition déployée à ce sujet, je n'ai pu, jusqu'à présent, voir assez de cohésion dans les faits qu'elle invoque, et je préfère m'en tenir encore à la prudente réserve du P. Papebrock. Discutant si un ou plusieurs évêques du nom de Clair ont évangélisé le midi de la Gaule, il se défend de rien affirmer, et paraît seulement incliner à croire qu'il y en aurait eu plusieurs, parus à diverses époques, et dont on aurait confondu le souvenir d'autant plus facilement que le transport de leurs reliques aurait été plus favorable à cette confusion. Il confirme d'ailleurs la tradition nantaise à l'égard de notre apôtre, ainsi que nous l'avons vu, et, sur la question particulière qui nous occupe, il se borne à dire que Clair vint probablement par l'Aquitaine, et qu'il fut peut-être romain : *fortè romanus* (1).

Cette première opinion reste donc douteuse et laisse place à une seconde qui ferait de *Clarus*, et même de *Deodatus*, des noms couvrant des personnages d'origine juive, venus à Rome à la suite de saint Pierre, et employés à la prédication évangélique. Ces exemples sont nombreux, et, indépendamment du Prince des Apôtres dont le nom, en hébreu : *Cephas*, est interprété en latin : *Petrus* (2), nous pouvons citer, plus près de nous, ce *Martialis* (Martial) qui, suivant Jésus-Christ sur les bords du lac de Tibériade, eut l'honneur de lui offrir les cinq pains et les deux poissons qu'il multiplia dans le désert. Béni par le Sauveur, il s'attacha dès lors à ses pas, puis à ceux de saint Pierre, avec une fidélité inviolable, et devint l'apôtre et le premier évêque de Limoges (3). Rappelons encore, plus près de nous, ce Drennalus qui, au rapport d'Albert-le-Grand, fut disciple de Joseph d'Arimathie, passa de la Grande-Bretagne dans l'Armorique, jeta les premiers fondements du diocèse de Tréguier, et se mit en relations avec notre saint Clair dans l'intérêt de leur commune mission. J'observe cependant que ce ne sont là que des analogies dont on ne peut tirer des conséquences rigoureuses relativement à saint Clair. Je les signale, seulement, aux chercheurs indépendants d'idées préconçues, et qui, venant à mettre la main sur quelques nouvelles épaves de nos archives, y rencontreraient des données propres à éclairer l'une ou l'autre de ces hypothèses.

II. — J'en dis autant de la question du clou de saint Pierre, dont l'existence est indubitable et tellement constatée par nos documents traditionnels qu'on peut dire qu'elle fait partie de la tradition même. Je ne crois pas avoir besoin d'insister sur

(1) *Divinatio de pluribus synonimis sanctis, hic in unam personam conflatis.* Boll. : juin, 1er jour.

(2) Saint-Jean, I, 42.

(3) *Vie de saint Martial,* par Aurélien, son disciple ; IIe siècle. — *Apostolat de saint Martial,* par M. Arbellot. — *Origines chrétiennes du diocèse de Bordeaux,* par M. Cirot de la Ville.

cette preuve. Je rapporterai néanmoins encore deux textes propres à intéresser mes lecteurs. Le premier est emprunté à nos manuscrits de 1400 et 1470, et à la légende de l'office de saint Similien. Elle rapporte que l'église de ce saint, ayant été détruite par les Normands, fut concédée, sous l'épiscopat de l'évêque Gauthier, aux chanoines de la cathédrale; et qu'à cette occasion une procession fut faite à Nantes, dans laquelle on porta solennellement les reliques de la cathédrale. Durant le parcours, un habitant traversa les rangs, s'approcha des anciens qui entouraient les reliques, et supplia, au nom d'un sourd-muet qui l'accompagnait, d'y faire toucher un peu de vin que présentait cet infirme, persuadé qu'en le buvant, après ce contact, il obtiendrait sa guérison. Vaincu par ses instances, le cortège s'arrêta. On fit toucher le clou sacré au liquide, et peu d'instants après l'avoir bu, le sourd-muet se trouva guéri et continua à suivre la procession en s'unissant aux chants des anciens (1).

Je n'ai point à discuter ici ce miracle accompli, d'ailleurs, dans des conditions de publicité telles qu'il serait difficile d'y contredire. Je veux seulement faire remarquer qu'alors cette sainte relique existait encore et était l'objet de la vénération publique. On peut tirer la même conclusion d'une hymne imprimée au bréviaire de 1518 à l'office de notre saint et d'où j'extrais la strophe suivante : « Ainsi que l'atteste brièvement « ce court cantique, Clair apporta à la ville de Nantes, au lieu « d'un sceptre, le clou qui attacha le bras droit de saint Pierre « à sa croix (2). »

Qu'est devenu ce précieux objet? Je ne saurais le dire, aucun document qui puisse me renseigner à cet égard ne m'étant connu, si ce n'est la liste du trésor de la cathédrale, dressée peu avant la Révolution et que j'ai publiée dans la *Semaine Religieuse* du 26 juin 1875. Mais cette liste ne fait pas men-

(1) *Qui interpellavit seniores capsam ducentes, ut de reliquiis in vino lotis eidem traderent, ut surdus ipse et mutus ex eodem biberet et indè mereretur recipere sanitatem. Tunc aperta capsa, clavum quo manus Petri apostoli fixa fuerat et alias reliquias vino tetigit. Surdus quoque et mutus ipse ex eodem bibit, et modicum posteà psallere cum senioribus cepit.*

(2) *Sicut breve sacri metri*
Testatur compendium,
Clarus clavum dextrum Petri
Perforantem brachium
Presentavit loco sceptri
Urbi Nannetensium.

tion du clou de saint Pierre. Il est donc à croire qu'à l'occasion des troubles religieux qui ont agité notre province aux temps antérieurs, cette relique insigne aura été transportée, comme toutes celles de la cathédrale, en divers lieux, à plusieurs reprises, peut-être même dans des conditions spéciales; et qu'en l'une ou l'autre de ces circonstances, elle aura été perdue ou soustraite, comme l'ont été beaucoup d'autres richesses du même genre, qui ne nous ont point fait retour. A tout hasard, cependant, j'indique ces faits, ne serait-ce que pour satisfaire la curiosité de mes lecteurs.

III. La troisième question qui se pose est celle de la Basilique construite à Nantes par saint Clair. « *Ædificavit Basilicam,* dit sa légende, *ubi clavum quem secum detulerat collocavit.* » Cette expression de Basilique s'est tournée en objection contre la légende même, pour plusieurs qui se sont demandé comment ce document pouvait dire que notre apôtre bâtit une église digne du nom qu'il lui donne, alors surtout que les payens s'opposaient à ce qu'il fît rien de semblable dans l'enceinte de la ville. Cette difficulté n'en peut être une que pour ceux qui ignorent ce que fut la basilique à l'origine. « La « Basilique, dit Francis Way dans son bel et récent ouvrage, « Rome, est d'origine grecque. C'était le tribunal où l'ar- « chonte, nommé βασιλευς (ou roi), rendait la justice... Caton, « le censeur, qui déclama beaucoup contre les usages des « Grecs, leur emprunta cependant leur palais de Justice. Ce « fut lui qui éleva dans Rome la première basilique, et elles « s'y multiplièrent depuis... C'étaient aussi des édifices civils « où les marchands se réunissaient pour traiter de leurs af- « faires de commerce et pour vider leurs procès... On les uti- « lisait encore pour tenir des assemblées, haranguer la foule « et même professer. C'est ainsi que les Apôtres, et leurs dis- « ciples après eux, ont exposé la doctrine du Christ dans les « basiliques ou tribunaux, et il est advenu qu'ils y ont été « ramenés pour confesser la foi devant les juges... On y trou- « vait une grande salle à deux et quelquefois trois nefs; séparée « du peuple par un *septum* ou barrière. Les juges étaient « rangés sur des gradins, à l'hémicycle de la principale travée, « autour du Président qui occupait le centre marqué par une « stalle, ou chaise d'honneur, à grand dossier : *Cathedra...* »
De là à la transformation de ces basiliques en temples chré-

tiens il n'y avait qu'un pas. Il fut franchi partout où les circonstances, et enfin la paix, rendirent la chose possible. De nouvelles églises furent construites sur ce modèle qui se prêtait admirablement à l'exercice du culte. Mais s'il y eut de grandes basiliques, il y en eut aussi de petites, suivant le besoin des localités. C'est ce que remarque l'abbé Martigny, dans son excellent *Dictionnaire des antiquités chrétiennes*, où il décrit la transformation et la création des premiers temples chrétiens. Parlant d'abord des petites basiliques, il dit : « Cette classe comprend certaines églises de petites dimen-« sions, qui étaient parsemées dans la campagne romaine... « L'existence de cette espèce de monument, vaguement accusée « dans les écrits contemporains, est devenue aujourd'hui un « fait démontré, grâce à la sagacité de M. le chevalier de « Rossi... Ces édifices, ajoute-t-il, présentent des copies assez « exactes des *cubicula*, des cryptes, des petites églises des ca-« tacombes. En effet, la forme commune de celles-ci est le « quadrilatère, et il s'en trouve par centaines où, en dehors « du carré, et sur trois faces, s'ouvrent trois *arcosolia* desti-« nés à servir en même temps de tombeaux aux martyrs et « d'autels pour le sacrifice. Or, telle est aussi la disposition « des deux petites Basiliques que nous avons citées comme « type. Elles sont quadrilatérales, et munies de trois absides « pour recevoir trois sarcophages, lesquels étaient aussi des « autels quand ils renfermaient des corps de martyrs (1). »

Nous reproduisons ci-contre, le dessin que le savant archéologue donne de l'une de ces basiliques quadrangulaires d'abord, enrichies ensuite de trois absides, et prenant ainsi la forme d'une croix. La partie inférieure était la nef destinée au peuple, et la partie supérieure, couronnée de ses trois chapelles, était consacrée au culte. Il est impossible de ne pas reconnaître, dans cette transformation de la basilique primitive l'origine de l'église chrétienne proprement dite. Cette forme de croix alla s'accusant de plus en plus dans les grandes basiliques, ou cathédrales, par le prolongement de sa nef, de son chevet absidal et de ses transepts, en même temps qu'elle s'embellissait par la

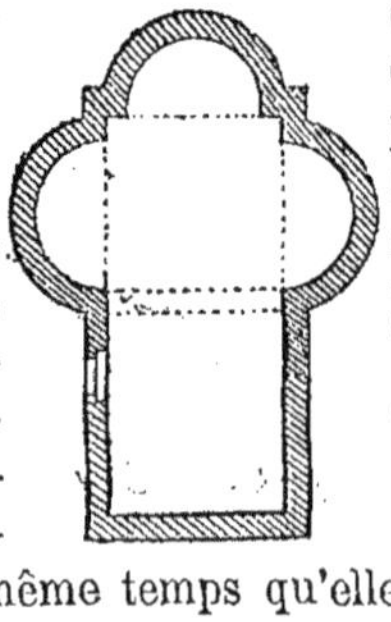

(1) Article Basiliques.

multiplication de ses nefs latérales et de ses chapelles nombreuses.

Ce n'est pas sans raison que je me suis étendu sur ces observations. Elles constatent d'abord que l'expression *Basilicam*, employée par notre légende, loin d'être une objection, nous reporte au langage des premiers siècles, et confirme, en même temps, l'antiquité de cette légende.

Puis, nous ne devons pas oublier que la tradition nantaise place la petite église de saint Clair hors ville, sur le côteau Saint-Similien, et probablement au lieu où s'élève la vieille église de ce nom. Et comme cette église doit disparaître prochainement, il faut s'attendre à trouver dans son enceinte des substructions dignes d'un grand intérêt; celles entr'autres, du tombeau de saint Similien et celles de la petite basilique qui nous occupe; *elles ne devront pas être confondues....*

Tel fut, en effet, l'usage essentiellement chrétien de nos pères, d'élever les nouvelles églises sur l'emplacement des anciennes, et d'en conserver ainsi la mémoire et les pieux restes. Il serait donc à désirer qu'on ne s'aventurât pas dans ces démolitions sans appeler la science compétente à en faire une étude attentive. Saint Clair n'eut, sans doute, ni le temps ni les moyens d'élever un monument d'architecture. Il est à présumer que sa construction eut la forme d'une basilique quadrangulaire, dont il aurait pu apporter l'idée de Rome. Il serait surprenant, bien que non impossible, qu'il eût songé dès lors à lui donner la forme de croix, et à l'orner de trois absidioles. Quant aux substructions, il est probable aussi qu'elles *furent fort simples et telles qu'on serait tenté*, au premier aspect, de les jeter immédiatement au rebut, ainsi qu'on l'a fait trop souvent en pareille rencontre. Cependant une pierre portant quelques signes, une monnaie, une médaille, une inscription quelconque, tout parle au regard de l'archéologue intelligent et lui fournit d'utiles renseignements.

Je trouve ces observations si importantes que je n'hésite pas à citer encore le fragment suivant de Francis Way. Parlant de l'église Saint-Clément de Rome : « La tradition, dit-il, rap-
« porte que saint Clément appartenait à la *gens* Flavinienne,
« et qu'il eut au bas du mont Cœlius un palais où il s'était
« construit un oratoire. Observons, car ce point est essentiel,

« que nombre d'églises ont été constituées ainsi. Des fouilles, « auxquelles les découvertes à Saint-Clément ont donné car- « rière, montrent, sous la plupart des églises antiques, les « substructions d'un oratoire, d'une chapelle façonnée d'ordi- « naire avec de méchants matériaux, et impliquées aux mu- « railles d'un palais. Le nouveau converti, s'il était patricien, « recevait les clients, les néophytes dans le *conventiculum* de « la maison, ou l'on se réunissait dans de doctes entretiens, « et où des lévites étaient hébergés. Puis, en mourant, le maitre « léguait à ses frères cet embryon d'église et de communauté. « Tous les temples des premiers siècles qui n'ont pas été édifiés « sur la sépulture d'un martyr, se sont établis de la sorte ; « j'oserais l'affirmer. »

Je me permettrai d'ajouter que saint Clair ayant appartenu au groupe des disciples de saint Pierre dont saint Clément faisait partie, dût nécessairement connaître la demeure et l'oratoire de ce Saint, et en apprécier les convenances. Ne serait-il donc pas possible qu'arrivé à Nantes, et ne pouvant s'établir dans la ville, il se fut créé sur le côteau de Saint-Similien un oratoire auquel il aurait annexé une salle de réception pour les néophytes et une modeste habitation pour lui-même. Ce qui paraitrait appuyer cette hypothèse est une strophe d'un hymne de l'office de saint Clair (Brév. de 1400), ainsi conçue :

Nannetence gubernavit
Primo pontificium,
Petri Paulique fundavit
Clarus *Monasterium* :
Vivens, justus gubernavit,
Florens sicut lilium.

Que pouvait être ce monastère, sinon le *conventiculum*, couvent, communauté, dont parle Francis Way, ou plutôt, le petit ensemble de constructions décrit plus haut?

Qu'on observe bien, cependant, que je n'entends rien affirmer ; pas même l'existence de l'oratoire de saint Clair, sous la vieille église Saint-Similien. Mais comme cette existence est probable, et que notre ville même nous a déjà fourni de semblables découvertes, il pourrait se faire que, le jour des fouilles venu, on se trouvât surpris par une complication de substructions, et il m'a semblé utile de ne négliger aucune indication à cet égard.

Ce que nous avons dit des basiliques primitives est de nature à nous éclairer encore sur un autre monument fort remarquable de notre cité. Je veux parler de la petite église découverte sous l'ancien chœur de la cathédrale, remplacé aujourd'hui par sa nouvelle et splendide abside. La construction que je signale et que plusieurs archéologues distingués ont pu apprécier en partie, avait exactement la forme des basiliques en croix et ornées des trois *arcosolia* décrits par M. Martigny. Elle répondait en même temps à la description que fait la légende de saint Félix de la modeste église à trois petites cryptes, bâtie sous Constantin, et qu'Eumélius (ou Evhémérus) enveloppa tout entière dans le périmètre de la sienne. Il n'est pas jusqu'à un énorme mur concentrique et reculé à quelques mètres en arrière qui ne rappelle les données de la légende (1).

Cependant, la construction nouvelle paraît avoir fait oublier l'ancienne. La nef et les deux absidioles letérales ont disparu. Il ne reste que l'abside principale ou chevet et seize petites colonnes du roman le plus primitif, dont douze sont adossées intérieurement au mur, et quatre plantées au centre, comme support d'un baldaquin qui n'est plus. Ces colonnes émergent au milieu des anciens remblais encore inexplorés, et les chapiteaux de plusieurs gisent pêle-mêle avec des moëllons, des tuffeaux et autres débris qui encombrent de nouveau l'enceinte. Ces faits suffisent pour faire comprendre l'urgence d'une conservation et d'une fouille également sérieuses de ce monument. C'est là, en effet, ainsi qu'à l'église Saint-Similien, que des recherches consciencieuses pourraient conduire à de nouvelles et importantes données sur nos premières origines chrétiennes.

(1) *Quo tempore* (de Constantin) *Nannetenses Episcopi primo ausi fuerunt infra mœnia Nanneticæ urbis ecclesiam edificare in parte orientali civitatis, cum tribus cryptis parvissimis..... Tum vero* (au temps de Clotaire) *Eumelius erigens fundamenta magnæ ecclesiæ, ex omni parte ecclesiole circumposuit.* — P. Just. nº III.

PIÈCES JUSTIFICATIVES

I.

Rapidité et universalité de la prédication évangélique dans le monde, et notamment dans la Gaule.

Saint Marc, contemporain des Apôtres, dit qu'après l'Ascension : « Ils prêchèrent en tous lieux, le Seigneur coopérant à « leur œuvre, et faisant suivre leur prédication de miracles. » (Mar, XVI, 20.) Les Actes et les Epîtres des Apôtres témoignent à chaque page de la vérité de ces faits.

Eusèbe de Césarée, nommé le Père de l'Histoire Ecclésiastique, résumait, au IVe siècle, le succès de la prédication apostolique dans ce beau langage : « Comme le soleil illumine « tout à coup l'horizon, ainsi, par un effet de la puissance et « de la protection célestes, le Verbe du salut projeta simultanément sa splendeur dans l'Univers entier. La prophétie « des Saintes-Ecritures s'est vérifiée au pied de la lettre. La « voix des Evangélistes et des Apôtres s'est fait entendre à « tout le monde, et leur parole à retenti jusqu'aux extrémités « de la terre. Semblable à l'aire du laboureur qui se comble « soudain, au temps de la moisson, des gerbes recueillies de « toutes parts, l'Eglise se vit tout à coup remplie de la multi- « tude innombrable et presque infinie de ceux qui, dans toutes « les cités, dans toutes les bourgades, embrassaient la religion « du Christ et la foi véritable... » Ailleurs, il ajoute cette appréciation qui ne peut être suspecte dans la bouche de cet écrivain (1), et il insiste sur son premier témoignage : « Je ne « consentirai jamais à ne voir qu'un fait humain dans la « propagation universelle de l'Evangile par les Apôtres. Ils « prêchent à toute créature le nom de Jésus ; ils publient les « miracles de sa vie dans les villes et les campagnes ; envahis- « sent l'empire romain et la cité reine de toutes les autres cités ; « parcourant les royaumes des Perses et des Arméniens, les « contrées des Parthes ; pénétrant chez les Scythes et jusqu'aux « confins de l'Univers, et dans les régions de l'Inde ; traversant « l'Océan et abordant jusque dans les îles qu'on appelle Bri- « tanniques... » (*Histoire ecclésiastique,* L. VI, ch. III.)

(1) Voir Feller, sur Eusèbe de Césarée.

Si l'on rapproche de ce texte l'énumération que fait saint Luc des peuples qui assistèrent, à Jérusalem, aux premiers discours des Apôtres et à leurs succès, on ne peut s'empêcher de considérer ces circonstances comme des types de la prédication apostolique ; et le retour de ces milliers de convertis dans leur pays respectifs, comme une sorte de préparation évangélique parmi ces nations où parurent, plus tard, ces mêmes apôtres ou leurs envoyés. (*Actes*, ch. II, III, IV, etc.)

Raban Maur, dont j'ai déjà fait connaître l'autorité, résumant, au IXe siècle, les traditions de la Palestine qu'il avait visitée, et les premiers écrits des Gaules, distingue dans la prédication apostolique deux périodes. La première qui commence à la Pentecôte, et durant laquelle les Apôtres parcoururent la Palestine, la Syrie et les provinces de l'Asie-Mineure, circonvoisines d'Antioche où saint Pierre établit d'abord son siège. Cette première prédication eut principalement pour but la conversion des Juifs habitant la terre de promission ou répandus au dehors ; et, secondairement, celle des Gentils, ainsi qu'il arriva au centurion Cornélius baptisé par saint Pierre à Césarée. Cette période dura environ douze ans suivant le calcul de Raban Maur, conforme en cela avec la chronologie généralement admise aujourd'hui et qui place le commencement de l'ère vulgaire cinq ans après la naissance du Christ (1).

L'illustre archevêque de Mayence, continuant son résumé, fait commencer la seconde période apostolique à la persécution suscitée par Hérode Agrippa. « La treizième année après « l'Ascension, dit-il, Jacques, frère de Jean, périt par l'épée, « Pierre fut mis en prison (pour la seconde fois), Saul reçut « de l'Esprit-Saint l'apostolat des Gentils et le nom de Paul. « La quatorzième année eut lieu la séparation des Apôtres. « L'Orient échut à Thomas et à Barthélemy ; le Midi à Simon « et à Mathieu ; le Nord à Philippe et à Thadée ; le Centre à « Mathias et à Jacques ; les provinces de la Méditerranée « furent le partage de Jean et d'André ; les royaumes d'Occident celui de Pierre et de Paul... Pierre qui devait quitter « l'Orient pour se rendre à Rome, désigne des prédicateurs de « l'Evangile pour les autres pays de l'Occident, où il ne pou-

(1) Voir Rohrbacher, *Histoire universelle*, t. IV, p. 53, 1re édition Gaume.

« vait aller lui-même, et choisit ses missionnaires parmi les « plus anciens disciples du Christ : pour le pays des Gaules où « l'on compte dix-sept provinces, dix-sept Pontifes; et pour « le pays des Espagnes, où l'on compte sept provinces, sept « Docteurs. Le premier et le chef de ces vingt-quatre anciens « était l'excellent docteur Maximin, du nombre des soixante- « douze disciples du Seigneur-Sauveur... » (*Vie de sainte Marie-Madeleine,* manuscrit d'Oxford.)

Ce premier partage de la prédication apostolique, n'entraîna ni limites rigoureuses, ni juridictions exclusives. Les Apôtres passèrent plus d'une fois d'une région dans l'autre suivant le besoin et les progrès de la foi ; et cette activité prodigieuse explique mieux encore la rapidité et l'universalité de leur prédication et de celles de leurs envoyés.

Dans l'impossibilité de citer ici tous les témoignages qui attestent la prédication évangélique dans les Gaules au Ier siècle, j'indiquerai seulement : pour les temps anciens, ceux de saint Justin, de Tertullien, de saint Irénée, de Sophrone, et ceux du IVe concile d'Arles, et de la chronique d'Alexandrie : pour les temps plus rapprochés de nous, ceux de Baronius, de Pagi, de Marca, de Natal-Alexandre, de Mammachi, des Bollandistes... ; pour nos temps modernes, ceux de nos grands historiens Rohrbacher et Darras. J'inviterai également à consulter le premier volume des *Saints de France,* recueil d'actes primitifs d'un grand intérêt et publiés sous la direction de Ch. Barthélemy. Enfin il faut consulter, comme travaux particuliers, Hilduin, abbé de Saint-Denis, dans ses *Aréopagitiques,* IXe siècle ; *L'Apostolat de sainte Magdeleine* et des autres apôtres de la Provence, par l'abbé Faillon ; l'*Histoire de l'église de Metz,* par l'abbé Chaussier ; celle de *Rheims, Soissons et Chalons,* par M. Ravenetz ; *Recherches sur saint Ursin,* l'apôtre du Berry, par l'abbé Lutho ; *Recherches sur l'ancienneté de l'église d'Arras* et la *Vie de saint Serge, premier évêque de Narbonne,* par l'abbé Robitaille ; l'*Apostolat de saint Front* à Périgueux, par l'abbé Dion ; le *Christianisme dans l'Aquitaine,* par M. Coudert de la Villate ; *Etude historique sur la mission de saint Bénigne, apôtre de la Bourgogne,* par l'abbé Bougaud ; l'*Apostolat de saint Martial,* par l'abbé Arbellot ; les *Origines de l'église du Mans,* par D. Piolin; les *Origines chrétiennes de Bordeaux,* par par M. Cirot de la Ville, lesquelles contiennent une carte fort curieuse de l'itinéraire de saint Martial. Je ne puis oublier, non plus, le grand atlas de M. H. Dufour, *Carte IXe, Voyages des Apôtres.* Je citerai également l'*Histoire de France de M. Dareste,* couronnée deux fois par l'Académie. Quoique l'auteur ait évidemment puisé bien plus aux sources profanes qu'aux sources chrétiennes, et qu'il semble attribuer la propagation du Christianisme moins à l'action divine qu'à la controverse des écoles grecques en Orient, et à Lyon où il exerça les fonctions de Recteur d'Académie, il enseigne néanmoins que « la prédication évangélique avait pénétré dans « la Gaule, au premier siècle ; que la Provence eut, dès cette « époque, des évêques et des associations chrétiennes ; qu'au « second siècle, l'Eglise de Lyon, fondée par saint Pothin et « saint Irenée devint la véritable Eglise-Mère des Gaules. » (t. Ier, p. 87). — A la page vingt-et-unième, il constate cet autre fait « que les Marseillais, successeurs des Phéniciens, com- « muniquaient dès avant la conquête romaine, par des routes « à mulet, avec les vallées de la Loire et de la Seine, et « allaient chercher à l'embouchure de ces derniers fleuves, les « produits de la Grande-Bretagne. » Comment croire, après cela, que, depuis que la conquête eût sillonné la Gaule dans tous les sens par les grandes voies stratégiques et commerciales, les Apôtres n'eussent pu parvenir où les marchands arrivaient si facilement. C'est ainsi que les recherches consciencieuses, de quelque part qu'elles viennent, arrivent toujours à confirmer les données premières de l'Histoire de l'Eglise.

Enfin, je résumerai tous ces témoignages dans celui d'un écrivain contemporain de M. Dareste (1875-76), spécialement compétent en ces matières, et que je me suis déjà plu à citer plusieurs fois :

« Comme les fils de Noë, dit l'abbé Darras, se dispersèrent « après la confusion des langues, ainsi les fils de la Pentecôte, « après la réunion miraculeuse de tous les idiomes en Jésus- « Christ, se partagèrent le globe, pour y dresser partout la « croix réparatrice; saint Pierre prenait le chemin de Rome ; « Paul allait commencer, à travers la Grèce et les îles de « l'Archipel, ses courses victorieuses... Mathias allait évan- « géliser la Colchide, Jude la Mésopotamie, Simon la Lybie,

« Mathieu l'Ethiopie. Saint Barthélemy passa en Arménie ; « saint Thomas chez les Parthes et les Indiens, saint Philippe « dans la Phrygie, saint Jacques le Majeur en Espagne, et « saint Jean à Ephèse. Déjà Lazare, le ressuscité de Béthanie, « s'était rendu dans l'île de Chypre avec ses sœurs Marthe et « Marie. Il aborda plus tard, avec elles, sur les côtes de la « Provence, et la Gaule fut embaumée des parfums de leurs « vertus. La prise de possession du monde, par le Verbe di- « vin, eût le double caractère de l'instantanéité et de l'univer- « salité... Toute l'antiquité chrétienne nous fournirait, au « besoin, les preuves de ces faits. On ne conçoit donc pas « l'espèce de réaction violénte par laquelle l'école critique des « XVIIe et XVIIIe siècles a prétendu faire table rase du passé « et répudier les faits les plus authentiques. » (*Hist. gén. de l'Eglise*, édit. de 1875, t. V, p. 450.)

II

Destruction des Archives Diocésaines.

Cette destruction fut l'œuvre de la révolution de 1793. Elle savait que le passé de la Religion est une de ses preuves et de ses gloires. Après s'être appliquée à le travestir, elle s'efforça d'en anéantir le souvenir en tarissant les sources de sa véritable histoire. Le diocèse de Nantes fut plus malheureux que beaucoup d'autres sous ce rapport. La guerre, en dévastant ses églises et ses presbytères, entraîna dans la même ruine, les archives qui s'y étaient amassées. On ordonna, il est vrai, de les transporter aux chef-lieux des municipalités ; mais, ou ces ordres ne furent pas exécutés, ou ils ne servirent qu'à rendre le désastre plus complet. D'autres ordres parurent, en effet, qui décrétèrent la destruction systématique de tous ceux de ces précieux documents que les vues intéressées des hommes du jour réputaient inutiles. Dans les paroisses rurales, ils furent brûlés ; à Blain, quatorze charretées furent livrées aux flammes, sur la place publique ; à Châteaubriant, trente-trois charretées subirent le même sort ; à Nantes, où l'on réussit à réunir les archives des chapitres, des couvents et des paroisses dans des dépôts particuliers, une Commission de dix membres fut nommée et fonctionna pendant dix-huit mois, pour l'exécution sommaire de ces riches trésors. Le registre des vacations de cette commission existe aux archives départementales ; on ne peut y jeter les yeux sans éprouver un sentiment de profonde tristesse et de regret amer.

Mais déja les archives de l'Evêché, qui contenaient les principaux éléments de notre histoire diocésaine, après avoir été séquestrés dans les combles du palais épiscopal, et y avoir subi une effraction de scellés et un premier pillage, recevaient la visite d'un commissaire du District, au procès-verbal duquel j'emprunte les renseignements qui précèdent et le fragment qui suit : « Ayant *vue* (sic) une quantité prodigieuse de papier *éparses* (sic) partie en liasse, et la majeure partie *déliassé* et *mellé*... pour *se*, ayant requis, quatre portefaix (plus deux de *surcrois*), afin de décharger et charger tous les papiers et registres... *vue* que le grenier où les papiers *sy* trouvent, sert à faire sécher les matelas, couvertures, paillasses et autre pourriture (l'Evêché était devenu hôpital) et avoir fait conduire le tout à la ci-devant église de l'*Oratoires* que nous avons déposé sous la garde du citoyen P... garde-magasins au nombre de dix charretées, etc. » *(Procès-verbal du 29 germinal an II).*

Rendues là, ces innocentes victimes d'un nouveau genre eûrent à subir le jugement de la Commission sus-dite qui, opérant le triage des papiers à conserver et de ceux à mettre au rebut ou à brûler, procéda par numéros d'ordre, et par hécatombes de liasses. Les sentences furent du genre de celles-ci : — Vieux parchemins *illisibles, bons à faire des gargousses,* — anciens actes du régime ecclésiastique, mandements, ordonnances d'Evêque, anciennes procédures, minutes du gréf, et autres pièces *insignifiantes,* — procès-verbaux, Bulles des Papes, visites, brefs, états de paroisses, *insignifiants,* — affaires concernant l'assemblée générale du clergé de Bretagne..., procès-verbaux de l'assemblée générale du clergé de Bretagne à Tours, *également insignifiants.* — Ces immolations sont ainsi continuées jusqu'au numéros 430 inclusivement. En marge de la 9me page, on lit : — Ces liasses ont été livrées au commandant du château, tant en papiers qu'en parchemins, le 16 et 22 brumaire, ainsi qu'il conste d'après les décharges du même jour an IV. En marge des autres pages, on lit : — même livraion que d'autre part.

Une fois les manuscrits sacrifiés, on s'en prit aux imprimés. Le 6e jour, 1re décade, 2e mois, an II; sur la motion d'un membre qui expose : « que les livres extraits des *bibliothèques nationales* étaient déposés dans la ci-devant Collégiale, où ils pourrissaient... que ces livres *dogmatiques*, *théologiques, mystiques, n'étaient bons à rien, sinon à faire des cartouches et des gargousses*, et que le commandant de l'artillerie demandait continuellement des papiers pour cet objet... le conseil nomme des commissaires à cet effet!... »

Je m'arrête regrettant d'avoir à justifier, par ces simples échantillons, un des faits les plus désastreux au point de vue de notre histoire locale.

Je me hâte d'ailleurs d'ajouter que, parmi les hommes employés à la triste besogne que je viens de dire, il s'en trouva d'intelligents, principalement des archivistes et des bibliothécaires, qui surent sauver du naufrage des pièces et même des fonds importants.

Plusieurs membres de la Commission des dix méritent qu'on leur rende cette même justice. Un fait remarquable se passa dans son sein. Ne recevant point de salaire, elle obtint de vendre, pour se couvrir de son traitement, autant de papiers condamnés qu'elle le voudrait. Elle n'y faillit pas, et c'est à cette circonstance, entre autres, que l'on doit de rencontrer encore aujourd'hui dans les ventes publiques, chez les bouquinistes, et jusque sur les vieux registres, des parchemins fort recherchés des antiquaires. Je puis dire enfin qu'il existe des collections particulières de ces débris précieux, et que je ne puis cesser d'espérer qu'un jour, rentrant dans leurs dépôts respectifs, elles apporteront de nouvelles lumières sur les principales questions de notre véritable histoire diocésaine, et, spécialement, sur celle de l'apostolat de saint Clair.

III.

Légendes latines de saint Clair, — Manuscrits de Nantes et de Tréguier. — Légende de saint Félix — (1400).

Je transcris ces manuscrits avec l'orthographe du temps, suppléant seulement les abréviations qui en rendraient la lecture difficile.

LECTIO I. — Post passionem et resurrectionem assensionemque Domini Nostri Jesu Christi, innumerabiles viros ac etiam mulieres sancta testatur Mater Ecclesia remansisse, qui per bonorum operum vitutes et virtutum mérita ipsius Salvatoris vestigia sunt secuti. Quorum quidem mundi spretis deliciis ac jussis sceleratorum principum contemptis, diversa passi sunt genera tormentorum :

LECTIO II. — Alii ferro perempti, alii flammis excussi, alii verberibus cesi, alii carceribus mancipati, alii patibulo cruciati, alii manibus truncati, sive cesis ceteris membris, pro Christi nomine consummati sunt ; alii vero Christi sacerdotes et doctores qui fidelium corda spiritualiter quasi ymbre celesti rigabant, ut feliciter proferre immarcessibilem bonorum operum possent fructum.

LECTIO III. — Quorum mens lucidissima, manus vero plene sunt mundicia, eo quod in mensa sacrosancta Christi corporis ac sanguinis misteria celebrantes, in sui cordis penetralibus, hostiam vivam Deoque placentem, id est, semetipsos sine macula atque mixtione pravi operis obtulerunt.

LECTIO IV. — Inter quos fuit quidam vir illustris, sancte indolis, nomine Clarus, doctrinis celestibus eruditus, oblectamentis mundialibus (1) derelictis, luxuriantis carnis respuens voluptates, toto mentis spiritu suspensus ad Deum, vigore castitatis et penitencie se precinxit, juxta illud quod per apostolum dicitur :

LECTIO V. — Hortamur vos abstinere a carnalibus desideriis qui militant adversus animam. Non tantum cessabat à viciis, sed opera misericordie desiderans adimplere, nudos vestiens, infirmos visitans, alimoniis pauperes sustinebat, juxtà illud : Manum suam aperuit inopi et palmas suas extendit ad pauperem.

LECTIO VI. — Iste vero sanctus exposicionem sui nominis comparabiliter est adeptus quia fuit clarus fide, clarior spe, clarissimus caritate : clarus inquam fide, quia in Deum firmi-

(1) Cette expression inusitée est signalée par Quicherat comme ayant été employée par Tertullien, Sulpice-Sévère, saint Jérôme, et signifiant : *du monde terrestre; humain*. Elle appartiendrait par conséquent à la latinité des IIIe et IVe siècles, et serait un nouvel indice de la haute antiquité de notre légende.

ter credidit et a fide catholica non recessit ; clarior autem spe, quoniam in Deo sperans adjutus est nullas timens hostium lesiones.

Lectio VII. — Clarissimus vero caritate, quia in dilectione Dei et proximi fervidus, tocius caritatis opera fideliter adimplevit. HIC SANCTORUM APOSTOLORUM CONSORCIA CONSECUTUS, DIVINI SPIRAMINE PNEUMATIS EST IMBUTUS.

Lectio VIII. — HIC A ROMANO PONTIFICE AD GALLIE PARTES MISSUS EST ut verbum Dei predicaret sua que predicacione fidem catholicam incredulos erudiret. Qui secum clavum deferens beati Petri pendentis in cruce dexteram perforantem in Britanniam Domino ducente pervenit, urbis Nannetice divina inspirante gracia primus pontifex est effectus.

Lectio IX. — In qua urbe in Dei honore, beate Virginis *Marie, beatorum apostolorum Petri et Pauli, omnium que* sanctorum, edificavit basilicam ubi clavum quem secum detulerat collocavit. Qui una cum reliquiis pluribus in eadem basilica requiescit, que usque *in hodiernum diem multis choruscat* miraculis gloriosis.

Je n'ai pas appris que le légendaire de Tréguier ait été publié. Dans tous les cas, on me saura gré d'en extraire la même légende, la comparaison des deux textes étant importante dans la question qui nous occupe. J'en dois une copie certifiée à l'obligeance de M. Ulysse Robert, conservateur des manuscrits latins à la Bibliothèque Nationale. Cette légende est absolument identique à celle du manuscrit nantais, notamment en ce qui concerne les deux phrases que j'ai soulignées et qui sont séparées dans l'un comme dans l'autre manuscrit par l'intervalle de deux leçons et un répons. C'est pourquoi je ne répéterai pas cette première partie du texte ; mais j'observerai qu'au bréviaire de Nantes, les *neuf leçons sont plus courtes et divisées autrement qu'au* bréviaire de Tréguier, ce qui vient évidemment de ce que le premier donne seulement la partie historique de la légende, tandis que le second y ajoute un complément consistant dans l'application de quelques textes de la Sainte-Ecriture à la louange du saint. Ce complément commence au milieu de la septième leçon et est ainsi conçu :

Lectio VII. — ..... Iste est Clarus de quo Dominus per psalmistam ait : Inveni David servum meum, oleo sancto unxi eum. Et rursum in libro Sapiencie de eo dicitur :

Lectio VIII. — Ecce sacerdos magnus qui in diebus suis placuit Deo, qui talentum sibi creditum Domino suo non solum reddere, vere etiam cum usura sine fraude amplificare curavit, quia verbum quod per graciam Sancti Spiritus, intelligendo didicit, aliis subjectorum mentibus profuturum, seçundum apostoli (verba) precibus arguendo, obsecrando, increpando, curam que faciendo inserere nitebatur.

Lectio IX. — Iste est fidelis servus et prudens quem constituit Dominus supra familiam suam ; a Domino constitutus, quoniam commissum sibi gregem rexit fideliter et prudenter, et instruxit verbis pariter et exemplis. Hic est qui expectans adventum Domini sui, extra curam sibi traditam vigilavit.

Ce complément peut se traduire ainsi :

Leçon VII. — ..... C'est de lui que le Seigneur a dit par la bouche du psalmiste : J'ai trouvé mon serviteur David : Je l'ai consacré par l'onction de l'huile sainte ; et c'est du même qu'il dit au livre de la Sagesse :

Leçon VIII. — Voici le Grand-prêtre qui, durant les jours de sa vie, a été agréable à Dieu, qui a eu soin, non-seulement de rendre à son maître le talent qu'il lui avait confié, mais de le faire valoir avec profit et sans aucune fraude. Car la parole divine dont il avait reçu l'intelligence par la grâce de l'Esprit-Saint, il s'est efforcé de la faire fructifier dans les autres âmes soumises à la foi, en priant, reprenant, suppliant, menaçant et multipliant ses soins, conformément à la parole de l'apôtre.

Leçon IX. — Celui-ci est encore le serviteur fidèle et prudent que le Seigneur a établi sur sa famille, Il a été établi par le Seigneur, car il a dirigé avec fidélité et prudence le troupeau qui lui avait été confié, il l'a instruit à la fois par ses paroles et ses exemples et il a dépassé, même, par sa vigilance et sa sollicitude, la mission qui lui avait été assignée. »

Mais d'où vient la différence qui existe entre la légende de Nantes et celle de Tréguier ? Deux hypothèses seules peuvent l'expliquer. Ou bien le complément que nous venons de lire aurait été l'œuvre des rédacteurs du bréviaire de Tréguier, qui se seraient permis de l'ajouter au texte original ; ou bien les rédacteurs du bréviaire nantais, possédant cet original, n'auraient pas vu d'inconvénient à lui emprunter seulement sa partie historique afin d'abréger leurs neuf leçons ; tandis que les rédacteurs du bréviaire de Tréguier, n'en ayant qu'une copie, auraient tenu à la conserver complète et authentique, et l'auraient insérée en entier, allongeant ainsi leurs neuf leçons. Cette seconde hypothèse est de beaucoup la plus probable, par les raisons suivantes que comprendront parfaitement ceux qui ont quelque connaissance de la composition des bréviaires. Ils savent que, si les anciens rédacteurs des offices se permettaient d'en composer certaines parties, les hymnes, répons, antiennes, etc., dans lesquelles ils encadraient les légendes des saints, ils respectaient toujours les légendes elles-mêmes et leur texte ; et, s'ils se permettaient d'en retrancher quelque chose, c'était l'accessoire ou ce qu'ils croyaient être tel. Il est à remarquer en second lieu, que la partie complémentaire, au bréviaire de Tréguier, ne commence pas une leçon, mais part du milieu de la septième, déjà longue, et se continue jusqu'à la fin de la IXe. Enfin, si l'on prend garde au style, on y rencontrera les mêmes qualités qu'à la partie principale, la précision, la méthode, l'application des textes sacrés, en un mot tous les caractères des actes des saints, recueillis aux premiers siècles, et rédigés pour l'édification des fidèles sous forme d'homélie. Nous aurions donc là, une nouvelle preuve de la haute antiquité de notre légende, et, probablement, le texte primitif des actes de saint Clair conservé fidèlement et introduit, quant à la partie historique, au bréviaire de Nantes, et quant à sa totalité, au bréviaire de Tréguier. C'est au moins, ce qu'il est permis de croire jusqu'à la preuve certaine du contraire.

Légende de Saint Félix.

Saint Félix ayant vécu au VIe siècle et sa légende n'ayant d'intérêt pour notre objet qu'en ce qu'elle confirme celle de saint Clair, je n'ai point à en faire une étude spéciale. Je me bornerai à rappeler qu'elle est également empruntée à notre manuscrit de 1400 ; que, si j'en donne les quatre premières leçons seulement, c'est que les autres ont rapport à la consécration de la Cathédrale, plus longuement et plus poétiquement décrite par Fortunat. J'ai déjà donné la traduction française de la partie importante, au cours de cet ouvrage.

Lectio I. — Gloriosus Felix Episcopus in Bituricensi urbe ac generosis parentibus originem duxit ; adeo quod quasi omnibus nobilibus Acquitanice regionis per sanguinitatis lineam attingebat. His merito tali nomine proprie est apellatus, feliciter enim vixit et vitam feliciter consummavit.

Lectio II. — Eo autem tempore quo Clarus primus Nannetensium Episcopus hanc urbem predicandam ab Apostolis (adjuncto Deodato diacono) missus fuit, tunc temporis intra menia hujus urbis minime potuit edificare ecclesiam propter contrarietatem paganorum : nec etiam alii episcopi successores sui, donec beatus Sylvester Constantinum imperatorem ad fidem Christi convertit.

Lectio III. — Qui edicto Constantinus imperiali precepit ut per universum orbem Jesus Christus Dominus noster manifestissime predicaretur et ut, cum Episcoporum licencia, ecclesie in nomine Christi edificarentur. Quo tempore, Nannetenses episcopi primo ausi fuerunt infra menia Nannetice urbis ecclesiam edificare in honorem beati Petri et Pauli apostolorum Christi.

Lectio IV. — Quam edificaverunt in orientali parte ipsius civitatis, et sic permansit illa prima ecclesia usque ad tempora Clotarii regis filii Clodovei. Tunc vero Eumelius, Nannetensis Episcopus, erigens fundamenta magne ecclesie, ex omni parte ecclesiole circumposuit, quam postea beatus Felix episcopus, successor ipsius, mirabili opere ad consummationem felicem perduxit...

IV.

Congrès de la Société française d'Archéologie tenu a Nantes en 1856. — Extrait des séances des 13 et 14 juin.

Dans la séance du 13 juin, présidée par M. de Caumont, une des questions mises à l'étude fut celle-ci : *A quel siècle doit-on rapporter les premières prédications évangéliques et les fondations des églises dans l'Ouest de la France?*

M. l'abbé Jubineau, membre de la Commission liturgique nantaise, indique en peu de mots les travaux de cette Commission; puis, abordant la question posée, il la réduit à celle de l'apostolat de saint Clair qui, le premier, a porté la foi dans l'Armorique, et doit être regardé comme l'apôtre de la Bretagne. Il place sa mission à la fin du Ier siècle, ou au commencement du IIe. Il expose les raisons qu'il a d'adhérer à cette tradition, et qui sont les témoignages liturgiques, l'autorité des critiques les plus compétents et l'incohérence des opinions opposées.

Le lendemain 14, la question est reprise. L'opinion qui recule la mission de saint Clair au IIIe siècle est exposée longuement, habilement traitée et donne lieu à une discussion intéressante qui permet de revenir sur les arguments invoqués de part et d'autre. Plusieurs membres prennent la parole, et elle est donnée en dernier lieu à M. de la Borderie qui résume et termine ainsi le débat: « Quoique Vitré, dit-il, ait eu aussi la prétention d'avoir été évangélisé par saint Clair, en l'an 72, il a été longtemps fort incrédule à l'endroit de son apostolat avant l'an 250; mais, depuis, éclairé par des documents nouveaux, il est un peu revenu sur sa première opinion. Le travail de M. Jubineau lui semble concluant, car il n'est pas de ceux qui nient les traditions; il leur accorde au contraire une grande valeur lorsqu'elles portent avec elles ces deux conditions réunies: qu'elles s'éloignent peu du temps et du lieu dont elles parlent, et qu'aucun document contemporain ne les contredit formellement. Quand donc il a en présence les conjectures des érudits et des traditions locales, bien établies, il préfère les traditions aux conjectures. Or, c'est ici le cas d'appliquer ces principes. Pour lui, le silence de Sulpice-Sevère et celui de Grégoire de Tours ne sont pas des arguments qui l'embarrassent; il rappelle, en effet, ce qui se passe tous les jours, et l'oubli qui environne souvent, dans notre temps où les relations sont si faciles et si fréquentes, les travaux des missionnaires; il ne s'occupe pas davantage de l'opposition de Néron. Chacun sait que ce qui est difficulté pour les desseins des hommes, n'arrête pas le prêtre qui va dispenser la foi. — Enfin, il fait remarquer que, selon lui, la question n'est pas posée entre une conjecture et une conjecture, mais entre une conjecture et une tradition locale, vénérable par sa haute antiquité, non contredite par une autorité suffisante, et qu'en bonne critique on ne doit pas la répudier pour adopter une opinion professée seulement depuis le XVIIe siècle. »

Ces paroles pleines de justesse posent, en effet, parfaitement la question, et en indiquent la véritable solution.

V.

Vie de Saint Clair, par Albert le Grand.

Je crois inutile de rappeler ce que j'ai dit de cet historien. J'observerai seulement que sa *Vie de Saint Clair* est la plus ancienne et la plus étendue que nous ayons. C'est un premier titre à ce qu'elle ne soit pas laissée en oubli. Si mes lecteurs veulent bien la rapprocher de tout ce qui a été dit et cité dans le cours de mon travail, et remarquer que l'auteur prend soin d'indiquer les nombreuses sources auxquelles il a puisé ses renseignements, ils jugeront si elle n'est pas aussi la plus exacte et la plus authentique; et ils me sauront gré, vu la difficulté de se la procurer, de la donner comme pièce justificative.

Vie de Saint Clair, premier Evesque de Nantes, confesseur, le 10 octobre (1).

Le Glorieux Prince des Apostres, sainct Pierre, ayant esté exécuté à mort dans la Ville de Rome, par le commandement du cruel Empereur Néron, qui avait suscité la première persécution contre les Chrestiens, S. Lin fut eslevé au Throsne Apostolique, l'an de grâce 68, lequel suivant les vestiges de son Prédécesseur, eut vn soin particulier d'envoier des Evesques et Prestres par tous les cantons du monde, pour ayder à ceux que saint Pierre y avait déjà envoyez: et d'autant que les affaires de la Religion s'advançoient èz Gaules, Sa Sainctеté y envoya bon nombre de saincts Personnages, l'vn desquels fut

(1) Édition de 1637.

nostre saint Clair, lequel il sacra Evesque, l'an 69, et luy donna pour ayde le Diacre Adeodatus, pour riche présent sa Bénédiction Apostolique, et pour precieuse relique le Cloud duquel le bras droit de saint Pierre avait esté attaché en la Croix.

Ces deux saincts Personnages obeissans au commandement du Pape, sortirent de Rome, et sans s'arrester en aucune Ville d'Italie, passèrent les Monts, traversèrent les Gaules, se vinrent rendre en la Bretaigne Armorique et s'arrestèrent en la ville de Nantes, qui en ce temps-là estait vne des puissantes et florissantes de toutes les citez Armorique, tant pour l'advantage de sa situation, qui luy donnant le trafic de la rivière de Loyre et de la Mer, la rend fréquentée de l'estranger, qu'à cause que c'estait la demeure des Péagers et Receveurs des devoirs maritimes, lesquels y avaient leur Cour des Finances de la Province; joint que c'estait aussi le seiour des Archi-Prestres de leur prophane Religion, qui servaient vn fameux Temple qui y estait dédié à vn faux dieu, auquel on venait offrir des sacrifices trois fois l'an, de toutes les autres Villes et Communautez Armoriques.

Les saincts Evesque et Diacre estans sur le point d'entrer en la Ville, congneurent que c'estait le lieu où ils devoient annoncer l'Evangile, et ayans visité le Temple et congneu l'aveuglement de leur superstition, ils commencèrent à prescher l'Evangile, et en peu de jours convertirent et baptisèrent bon nombre de citoyens, qui detestans le culte des Idoles, firent profession de la Religion Chrestienne. Le Diable craignant le progrès de ces beaux commencemens fit tous ses efforts pour en empescher le cours, et incita l'Archi-Flamen et les autres Prestres du Temple (lesquels estoient de la secte et Religion des Druides) contre le saicnt Evesque et son Diacre, lesquels furent citéz pour rendre raison de leur Doctrine. Saint Clair craignant que ceste persécution n'eut retardé leur conqueste spirituelle, assembla les fidelles nouvellement convertis, et de leur advis envoya le Diacre Adeodatus prescher les Vennetois et ceux de Cornoüaille, se chargeant de respondre à sa citation, et leur prédisant que ceste persécution ne durerait guère. Le jour venu que le Sainct devait estre ouy, il se présenta et prescha hautement des mystères de nostre Religion, leur faisant voir que celuy qu'il leur preschoit estoit le Fils de Dieu et de ceste Vierge que les Druides leurs ancestres avaient recognus et tant exaltez par leurs escrits; que l'Idole mesme que toutes les Citez Armoriques recognoissoient pour leur Dieu tutélaire et patriote, et venoient adorer en leur Temple, n'estoit qu'vne grossière représentation du Dieu qu'il leur preschoit, vn en Essence et trin en Personne, ainsi qu'il leur fit voir par la naïve et véritable explication de leur Idole : bref, il parla si pertinemment de la Majesté de la Religion Chrestienne, et descria tellement leurs supertitions, que tout le peuple en resta esmeu, et grand nombre receurent le Baptesme des mains du sainct Evesque, lequel fut eslargi, et à l'aide des nouveaux convertis, fit bastir une petite Chapelle qu'il dédia à Dieu sous l'invocation des Bienheureux Apostres sainct Pierre et sainct Paul, et y mit le Cloud qu'il avait reçeu du Pape sainct Lin.

Pendant que sainct Clair travailloit à la conversion des Ames au Comté Nantois, et le Diacre Adeodatus au Païs de Vennes et de Cornoüaille, Dieu leur envoya de l'ayde, car Drennalus, disciple de Ioseph d'Arimathie, ayant passé de la grande en la petite Bretaigne, descendit avec quelques siens condisciples au port Saliocan (c'est le port de Morlaix) où il prescha l'Evangile, et convertit ce peuple, édifia une Eglise qu'il dédia à Dieu soubs l'invocation de sainct Iacques le Maieur, Apostre, n'aguerre exécuté à mort, par commandement du Roy Hérodes, et à l'une des avenuës de la Ville esleva vn pillier ou colonne, au haut duquel il fit graver vne Croix, et dessous en vne petite niche il posa une Image de Nostre Dame, tenant son petit Iésvs, lequel pillier a esté soigneusement conservé iusqu'à présent. Drennalus ayant converty les Morlaisiens, passa plus avant iusqu'à la ville de Lexobie, ou le Goz-Gveaudet sur la rivière de Legver, où il establit son Siége, et donna commencement au Siége Episcopal de Treguer ; et ayant esté averty que S. Clair estait à Nantes, et le grand fruit qu'il y faisoit, il envoya son Archidiacre Congalus le visiter de sa part, et conférer avecque luy des moyens de bien affermir la Religion Chrestienne dans ceste Province.

Le sainct Prélat fut extrêmement ioyeux de ceste nouvelle, et remercia Dieu du soin qu'il prenoit de ceste nouvelle Eglise naissante, et pour surcroy de consolation, le Diacre Adeodatus arriva à Nantes, rendit raison à S. Clair du fruit qu'il avoit fait ès Comtez de Vennes et de Cornoüaille, le suppliant d'y vouloir faire vn voyage pour confirmer les nouveaux convertis, consacrer des Prestres et autres Ministres, et donner l'ordre nécessaire aux affaires de la Religion : S. Clair se résolut volontiers à ce voyage, et laissant Adeodatus à Nantes, visita tout son Diocèse, qui s'estendoit depuis Nantes iusques au Cap de Sizun et la grand'Mer Occidentale, contenant les Comtez de Nantes, Vennes et Cornouaille, faisant de grands miracles en confirmation de la vérité qu'il preschoit. Enfin ayant travaillé 26 ans en la vigne du Seigneur, chargé de mérites et de couronnes, il décéda au Bourg de Regvini au Diocese de Vennes, le 10 Octobre, l'an 96, où les Chrestiens l'ensevelirent, et s'y voit encore le lieu de sa sépulture ; son Anneau et sa Crosse ou baston Pastoral furent apportés à Nantes et mis dans le Thrésor de l'Eglise Cathedrale. Son Corps demeura à Regvini iusqu'à l'an 386 que la paix ayant esté rendue à l'Eglise, le Roy Conan Mériadec sépara les Comtez de Vennes et de Cornoüaille, du spirituel de l'Evesché de Nantes, et fit consacrer Judicaël Evesque de Vennes, et à la requeste d'Arizius Evesque de Nantes qui avoit consenti cette séparation, le Corps de S. Clair fut transporté de Regvini en son Eglise de Nantes, où il avoit esté conservé iusqu'à l'an 878, que les Nortmands ayans mis pied en Bretaigne, il fut porté à Angers, et déposé dans le monastère de S. Aubin, où il est conservé en vne chasse d'argent doré, eslevée sur le grand Autel. Dans la Cathédrale de Nantes ils ont le Crane de S. Clair enchassé en vn Chef d'argent, et en l'Eglise Parochiale de Regvini (dédiée à S. Clair), ils en ont aussi des Reliques, à l'attouchement desquelles, de l'eau en laquelle elles ont esté lavées, les infirmes, particulièrement de maux d'yeux, reçoivent tous les iours du soûlagement.

Cette vie a esté par nous recueillie des anciens Legendaires M. S. S. des Eglises Cathédrales de Nantes, Tréguer et Léon, et Collégiale du Folcoat, et des Bréviaires anciens de Nantes, Vennes, Léon et Cornoüaille ; Pierre le Bauld et Allain Bouchard, en leurs *Annales de Bretaigne;* d'Argentré en son *Histoire de Bretaigne,* liv. I., chap. 10; au *Cathalogue des Evesques de Nantes*. Le P. du Paz en son *Cathalogue des*

Evesques de Nantes à la fin de son *Histoire des Maisons illustres de Bretaigne;* Claude Robert en sa *Gallia Christiana ès Evesques de Nantes;* Iean Chenu en son *Histoire Chronologique des E. E. de France et ceux de Nantes;* Vénérable et Discret M. Vincent Charron, chanoine de l'Eglise Cathédrale de Nantes, en son *Catalogue des E. E. de Nantes* et en son *Calend. Historial;* Iêan Bourdigue, en son *Hist. d'Anjou,* et Hiret en ses *Antiquitéz d'Anjou;* Les Mémoires M. S. S. des Sieurs de Coatmen, Grand Vicaire de Dol ès enclaves de Treguier, Léon et Cornouaille. Du Sieur de l'Isle Gourmil, *Le Proprium Nantois* dressé par commandemens des RR. PP. en Dieu Charles de Bourgneuf et Philippe Coespéan, Evesques de Nantes.

Cette vie de saint Clair ajoute, au peu que nous apprennent ses légendes liturgiques, quelques circonstances intéressantes; celle-ci, entre autres : que notre apôtre, cité devant une assemblée payenne à rendre compte de sa doctrine, en prit l'occasion de prêcher nos saints mystères, et, suivant l'exemple de saint Paul dans l'aréopage d'Athênes, il mit à profit les erreurs mêmes de ses auditeurs pour les conduire à la vérité. Il leur fit voir que le Christ qu'il leur prêchait était le fils de Dieu et de cette Vierge que leurs ancêtres avaient reconnue et tant exaltée ; et que l'idole que l'Armorique entière venait adorer à Nantes, sous le nom de Volianus, ou Boul-Janus, n'était qu'une image grossière du Dieu en trois personnes qu'il leur annonçait; et ce fut en partie à ces explications qu'il dut le succès de son discours.

Les savants modernes se sont beaucoup occupés de cette Vierge des Gaulois et en ont retrouvé des souvenirs et des traces nombreuses dans nos contrées; ils ont longuement disserté sur ce Dieu Volianus et son temple, dont une inscription retirée des fossés de notre cité en 1592 est conservée dans une galerie de notre Hôtel-de-ville. Mon intention n'est pas d'entrer plus avant dans cette question qui ne touche qu'incidemment à celle que je me suis proposé de traiter. Je ne puis qu'engager mes lecteurs, s'ils le désirent, à lire la description que fait Albert-le-Grand de cette idole symbolique, d'après, dit-il, « un ancien manuscrit, un mémoire latin, de fort vieille et « antique escriture (1). »

J'ai voulu seulement constater le privilége insigne de notre Église, son origine apostolique; dégager la tradition Nantaise qui lui sert de fondement solide, et la remettre en lumière au moyen des documents échappés au naufrage à jamais regrettable de nos archives. Puisse-je y avoir réussi; puissent Dieu et Saint Clair bénir ce petit ouvrage et son auteur!

A. Cahour, chanoine honoraire de Nantes et d'Autun.

(1) *Catalogue des Évêques de Nantes, IV.* Eumelius.

NOTE

Dans le cours de mon travail, j'ai manifesté plusieurs fois l'espoir que l'avenir apporterait de nouveaux appuis à ma thèse. Je ne m'attendais cependant pas à voir ce vœu se réaliser aussitôt.

J'ai reçu, en effet, du savant bénédictin D. Plaine, exilé en Espagne, une seconde et aimable lettre. Après avoir bien voulu me féliciter de mes articles publiés dans la *Semaine Religieuse*, et dire « qu'il trouve « mes preuves abondantes, surabondantes même ; qu'elles renferment « un grand nombre de renseignements, en partie inconnus, réunis en « faisceau, et qui pourront être très utiles aux hagiographes de notre « province, » il m'apprend qu'il a publié lui-même, en **1880**, un petit « travail sur saint Clair, et que je puis le trouver dans les *Annales de l'Association bretonne*.

Je me suis empressé de me procurer ce document, et j'y remarque les passages suivants. Parlant de nos bréviaires manuscrits, il rapporte qu'il y est dit que « le Bienheureux Clair, romain, d'illustre naissance, « avait eu l'avantage de vivre dans la compagnie des apôtres, c'est-à- « dire de saint Pierre et de saint Paul, et qu'après le martyre du Bien- « heureux Pierre, le disciple parvint à se procurer l'un des clous qui « avaient servi à crucifier son maître, et se fit plus tard un devoir de « gratifier de ce précieux trophée de la victoire du chef de l'Apostolat, « le pays des Namnettes qu'il eut mission d'évangéliser. »

Opposant, ensuite, à l'opinion de ceux qui n'ont connu les actes de saint Clair que par les bréviaires du XVIIe siècle, celle de Mgr Richard (*Missæ et officia*), il ajoute que : « favorisé par les recherches de Mgr « de Larisse, il a eu la bonne fortune de retrouver un texte orné d'un « prologue plus développé, plus conforme aux actes des anciens mar- « tyrs, tel, en un mot, qu'il paraît avoir tous les caractères d'authen- « ticité désirable. Joignez à cela, continue-t-il, que ce texte, en quelque « sorte nouveau, si on le compare à celui que nous possédions anté- « rieurement, se retrouve identiquement le même dans les anciens « bréviaires des XIe et XVe siècles, de Nantes, de Tréguier et de Saint- « Aubin d'Angers. Ne pourrait-on conclure de cette identité littérale « qu'une copie des actes de notre Saint fut portée à Angers, lors de la « translation de son corps en 878, et qu'elle s'y était conservée « exempte de toute altération. »

Il m'est impossible de ne pas reconnaître dans ces anciens bréviaires de Nantes et de Tréguier, ceux que j'ai consultés moi-même; et, dans la légende qu'indique D. Plaine, celle que j'ai publiée *in extenso*. Ce m'est une grande satisfaction de voir que, sans connaître le travail du docte Bénédictin, je marchais parallèlement à lui, et guidé, comme lui, par le seul attrait de la vérité. J'oserais même me féliciter d'avoir été plus explicite dans mes commentaires, si je ne devais m'incliner à mon tour devant lui, et convenir qu'il m'apprend l'existence, en un bréviaire d'Angers, du XIe siècle, d'une légende de saint Clair, identique à celle de Nantes, et qui confirme les preuves que j'ai apportées de l'antiquité primitive de celle-ci.

Il serait sans doute intéressant d'entrer dans l'étude de la légende d'Angers; mais le temps et les limites d'une simple note ne me le permettent pas; cela n'est d'ailleurs pas nécessaire. L'autorité de D. Plaine suffit pour imposer créance à l'existence de ce document et à la conséquence qu'il en déduit : que notre légende remonte au IXe siècle, et même à l'année 878 et au-delà, si, comme je l'admets bien volontiers, cette copie fut remise aux moines de Saint-Aubin par les Nantais qui, fuyant l'invasion normande, leur confièrent les reliques de leur saint apôtre (1).

Je ne puis terminer ces considérations sans remarquer que le travail de D. Plaine, bien que sa brièveté soit à regretter, renferme plusieurs autres données dignes d'attention et d'intérêt. Il n'est d'ailleurs qu'une partie d'une étude plus étendue comprenant des données du même genre sur les neuf anciens Évêchés de Bretagne, et très propre à éclairer les écrivains qui entreprendraient d'approfondir l'origine de ces diocèses (2).

Je suis heureux de pouvoir ajouter ces lignes au corps de mon travail, non-seulement pour m'appuyer de l'autorité du docte exilé de *Silos;* mais pour le consoler par un éloge mérité et venu de la Patrie, et par l'expression cordiale et réitérée de ma gratitude.

(1) *Corpus ejus Nannetas primo, deinde anno octingentesimo septuagesimo octavo, ob timorem Normanorum Andegavos translatum, in Ecclesiâ Sancti Albini collocatum, longo tempore magnam habuit venerationem. (Missæ et officia.)* — Bréviaire nantais, 1857.

(2) Association Bretonne, session tenue à Quintin, en 1880.

9003. — Nantes, Imp. de l'Ouest, rue de la Fosse, 34.

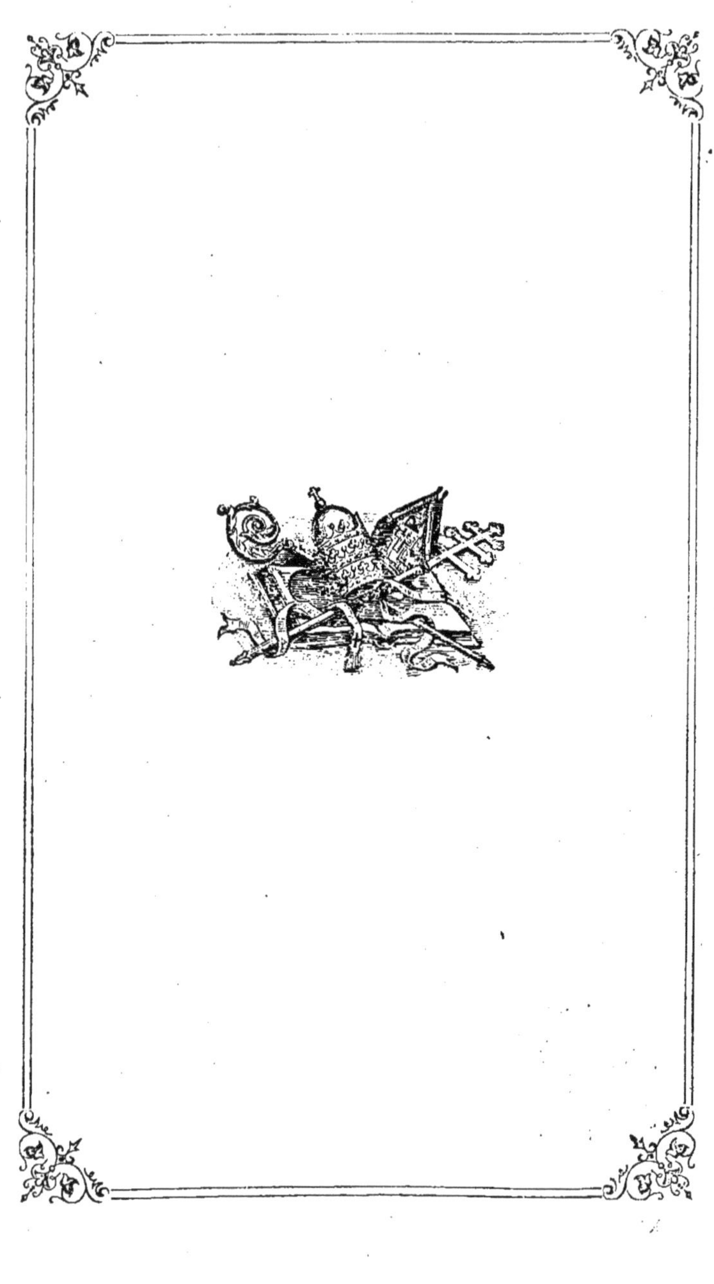

www.ingramcontent.com/pod-product-compliance
Ingram Content Group UK Ltd.
Pitfield, Milton Keynes, MK11 3LW, UK
UKHW021156220726
13924UKWH00003B/1160

9 782019 924096